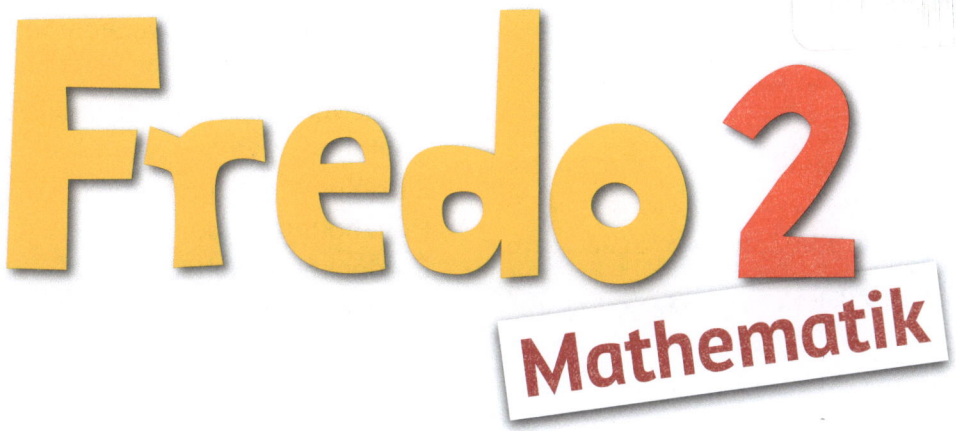

Fredo 2 Mathematik

Förderheft mit interaktiven Übungen

Erarbeitet von
Mechtilde Balins
Rita Dürr
Nicole Franzen-Stephan
Ute Plötzer
Anne Strothmann
Margot Torke

Illustriert von
Friederike Ablang
Cleo-Petra Kurze
Martina Theisen

Unter Beratung von
Christian Bussebaum,
Mathematisch-
Lerntherapeutisches Institut
Düsseldorf,
ILSA-Lernentwicklung

 Deine **interaktiven Übungen** findest du hier:

1. Gib den unten stehenden Zugangscode in die Box ein.
2. Hab viel Spaß mit deinen interaktiven Übungen.

w5ee-ac-skap
Dein Zugangscode auf
go.cornelsen.de

Die Nutzungsdauer für die Online-Übungen beträgt nach Aktivierung des Zugangscodes zwei Jahre. In dieser Zeit speichern wir deine Lernstandsdaten für dich; nach Ablauf der Nutzungsdauer werden sie gelöscht.

Inhaltsverzeichnis

Bei welcher Frage musst du rechnen? Kreuze an.
Rechne und antworte.

1 Justus findet 5 Seesterne.
Jette findet 3 Seesterne.

☐ Wie viele Seesterne findet Jette?   _____ Seesterne findet Jette.

☐ Wie viele Seesterne haben sie   _____ Seesterne haben sie
zusammen?   zusammen.

2 Justus findet 10 Muscheln.
Jette findet 7 Muscheln.

☐ Wie viele Muscheln findet Jette?   _____ Muscheln findet Jette.

☐ Wie viele Muscheln haben sie   _____ Muscheln haben sie
zusammen?   zusammen.

3 Im Eimer sind 14 Muscheln.
Jette legt noch 5 Muscheln dazu.

☐ Wie viele Muscheln legt Jette   _____ Muscheln legt Jette
dazu?   dazu.

☐ Wie viele Muscheln sind es   _____ Muscheln sind es
zusammen?   zusammen.

4 Im Eimer sind 20 Muscheln.
Justus nimmt 4 Muscheln heraus.

☐ Wie viele Muscheln nimmt   _____ Muscheln nimmt
Justus heraus?   Justus heraus.

☐ Wie viele Muscheln sind noch   _____ Muscheln sind noch
im Eimer?   im Eimer.

1 Fips kauft 1 Trompete und 1 Ananas.
Wie viel Euro muss Fips bezahlen?

Fips muss _____ € bezahlen.

_8_ € + ___ € = _____ €

2 Fredo kauft 2 Trommeln und 1 Rassel.
Wie viel Euro muss Fredo bezahlen?

Fredo muss _____ € bezahlen.

___ € + ___ € + ___ € = _____ €

3 Frida kauft 1 Hocker. Sie bezahlt mit .
Wie viel Euro bekommt Frida zurück?

Frida bekommt _____ € zurück.

4 Der Tiger kauft 1 Trompete. Er bezahlt mit .
Wie viel Euro bekommt er zurück?

Er bekommt _____ € zurück.

5 Der Affe kauft 1 Seerose und 1 Kokosnuss.
Wie viel Euro muss er bezahlen?

Der Affe muss _____ € bezahlen.

___ € + ___ € = _____ €

Er bezahlt mit .
Wie viel Euro bekommt er zurück?

Der Affe bekommt _____ € zurück.

1   Rechne.

+	1	2	3
4	4 + 1 = ___	4 + 2 = ___	4 + 3 = ___

+	2	3	4
5	5 + 2 = ___		

2   Rechne.

–	2	3	4
5	5 – 2 = ___	5 – 3 = ___	

–	4	5	6
7	7 – 4 = ___		

3   Rechne.

+	4	5	6
3	7		

+	2	3	4
6			

+	3	2	1
7			

3 + 4 = 7

4   Rechne.

–	1	2	3
8	7		

–	4	5	6
6			

–	8	7	6
10			

8 – 1 = 7

5

1 Gerade oder ungerade? Kreuze an.

8
- [ ] gerade
- [ ] ungerade

13
- [ ] gerade
- [ ] ungerade

17
- [ ] gerade
- [ ] ungerade

14
- [ ] gerade
- [ ] ungerade

19
- [ ] gerade
- [ ] ungerade

16
- [ ] gerade
- [ ] ungerade

2 Gerade oder ungerade? Male und kreuze an.

6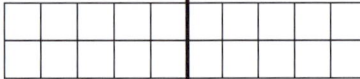
- [ ] gerade
- [ ] ungerade

12
- [ ] gerade
- [ ] ungerade

11
- [ ] gerade
- [ ] ungerade

15
- [ ] gerade
- [ ] ungerade

10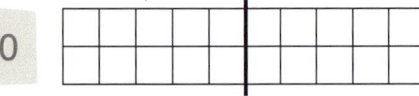
- [ ] gerade
- [ ] ungerade

9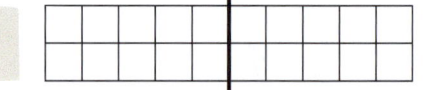
- [ ] gerade
- [ ] ungerade

✓ Das kann ich jetzt! 1

1 Rechenfragen und Antworten zuordnen
Bei welcher Frage musst du rechnen? Rechne und antworte.

Auf der Sandbank liegen zuerst
10 Seehunde.
6 davon gehen ins Wasser.

☐ Wie viele Seehunde gehen
ins Wasser?

_____ Seehunde gehen
ins Wasser.

☐ Wie viele Seehunde liegen
noch auf der Sandbank?

_____ Seehunde liegen noch
auf der Sandbank.

2 Sachaufgaben mit Geld lösen

Fips kauft eine Rassel für 4 €
und eine Trommel für 5 €.
Wie viel Euro muss Fips bezahlen?

Frida kauft eine Trompete für 8 €.
Sie bezahlt mit 10 €.
Wie viel Euro bekommt sie zurück?

3 In Tabellen rechnen

+	2	3	4	5
5		8		

−	4	5	6	7
10				

4 Gerade und ungerade Zahlen unterscheiden

7

☐ gerade   ☐ ungerade

16

☐ gerade   ☐ ungerade

1 Wie viele Würfel sind es?

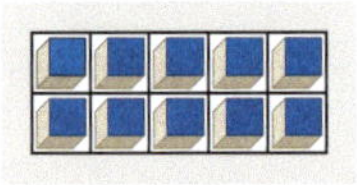

Das sind 10 Würfel.

_____ Würfel

_____ Würfel    _____ Würfel 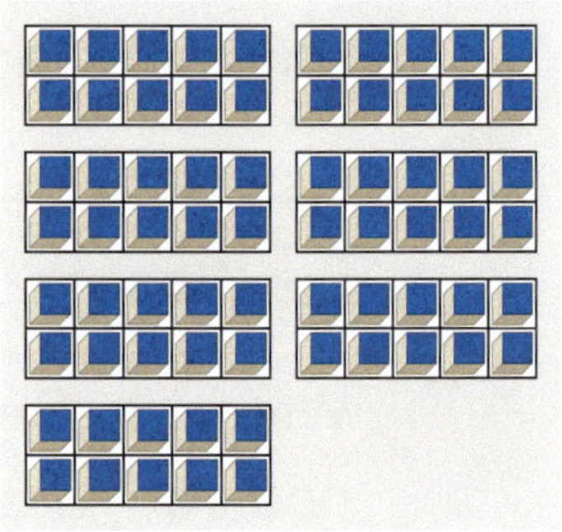   _____ Würfel

_____ Würfel    _____ Würfel

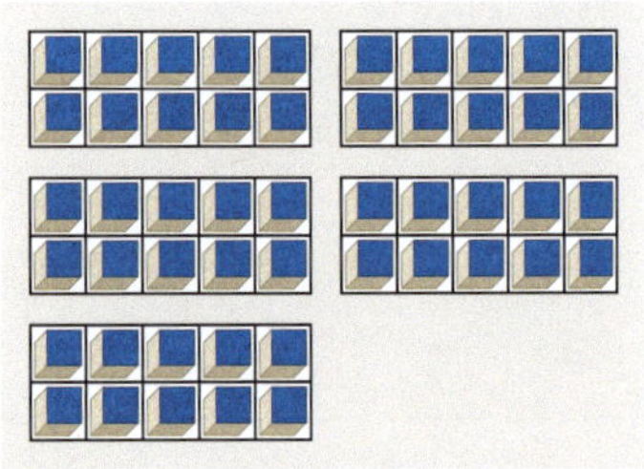

_____ Würfel    _____ Würfel 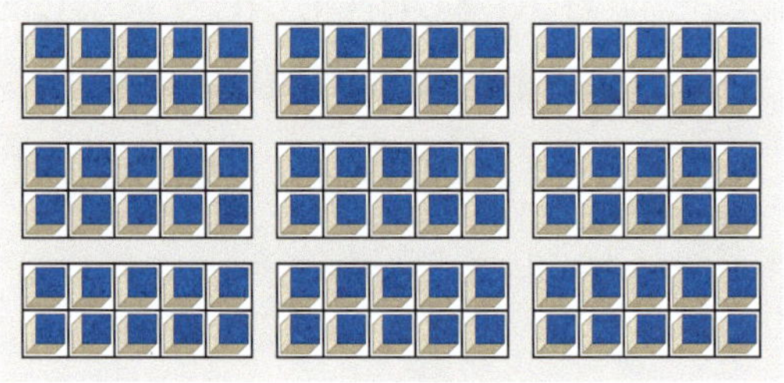   _____ Würfel

2 Wie viele **Zehner** sind es? Wie heißt die Zahl?

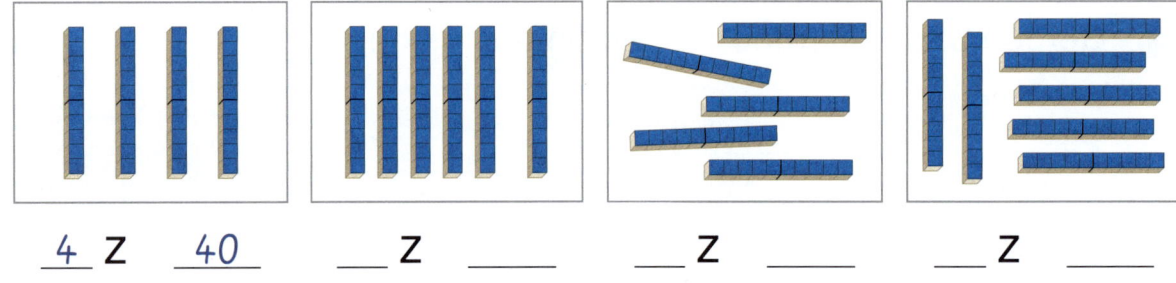

_4_ Z _40_   __ Z ____   __ Z ____   __ Z ____

ein	und	zwan**zig**	2	1	21
zwei	und	zwan**zig**	2		___
drei	und	zwan**zig**			___
vier	und	zwan**zig**			___
fünf	und	zwan**zig**			___

fünf	und	drei**ßig**			___
fünf	und	vier**zig**			___
fünf	und	fünf**zig**			___
fünf	und	sech**zig**			___

sechs	und	sieb**zig**			___
sieben	und	sech**zig**			___
acht	und	neun**zig**			___
neun	und	acht**zig**			___

1 Lege mit Zahlenkarten. |4|3|
Schreibe die passende Zerlegung.

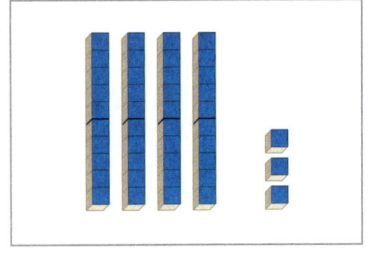   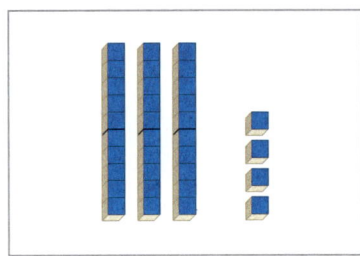   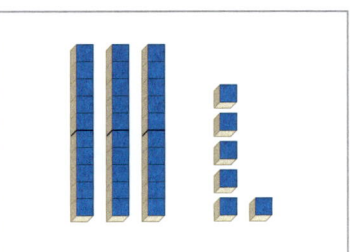

____43__ = __40__ + _3_   _____ = _____ + ___   _____ = _____ + ___

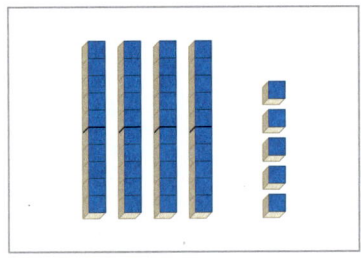   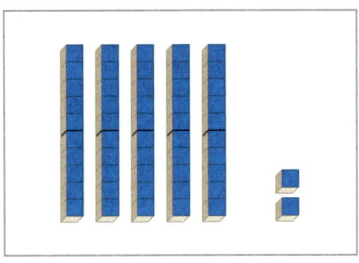   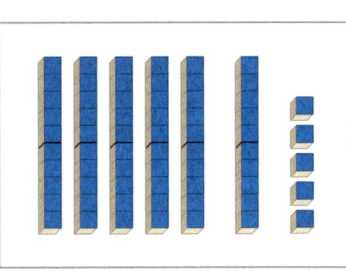

_____ = _____ + ___   _____ = _____ + ___   _____ = _____ + ___

 2 Zerlege in Zehnerzahlen und Einerzahlen.

|4|2| → |4|0|2| 42 = _____ + ___ |7|1| → 71 = _____ + ___

|4|6| → |4|0|6| 46 = _____ + ___ |7|3| → 73 = _____ + ___

|4|7| → |4|0|7| 47 = _____ + ___ |7|8| → 78 = _____ + ___

|4|9| → |4|0|9| 49 = _____ + ___ |7|4| → 74 = _____ + ___

|4|3| → |4|0|3| 43 = _____ + ___ |7|2| → 72 = _____ + ___

|8|3| → |8|0|3| 83 = _____ + ___ |2|1| → 21 = _____ + ___

|3|8| → |3|0|8| 38 = _____ + ___ |1|2| → 12 = _____ + ___

|5|9| → |5|0|9| 59 = _____ + ___ |2|6| → 26 = _____ + ___

|9|5| → |9|0|5| 95 = _____ + ___ |6|2| → 62 = _____ + ___

1 Wie heißt die Zahl?

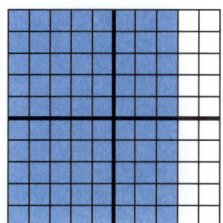 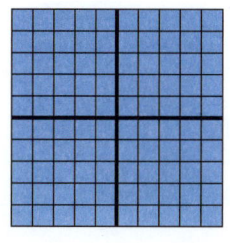 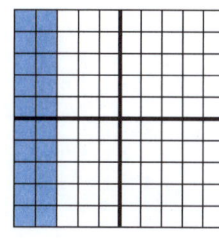 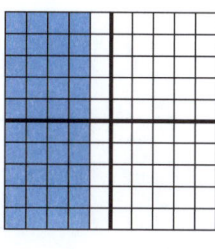

_____   _____   _____   _____

 2 Wie viele fehlen bis 100?

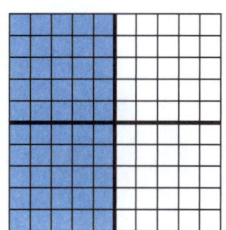 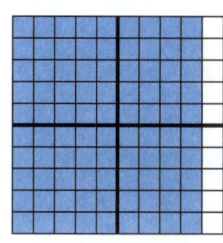 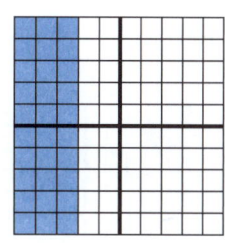 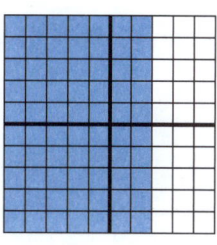

50 + _____ = 100   90 + _____ = 100   30 + _____ = 100   70 + _____ = 100

3 Schreibe die Aufgabe und rechne.

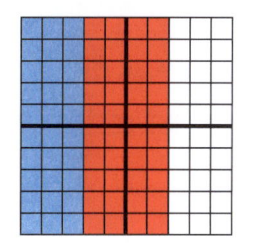 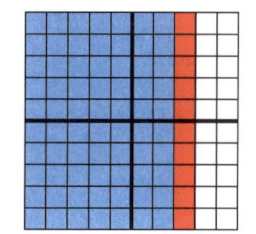 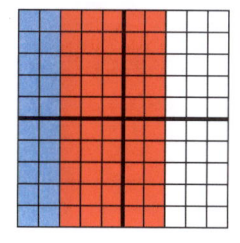

30 + _40_ = _____   70 + _____ = _____   20 + _____ = _____

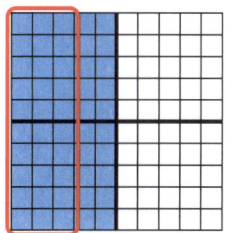 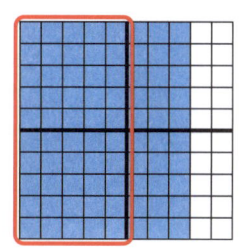 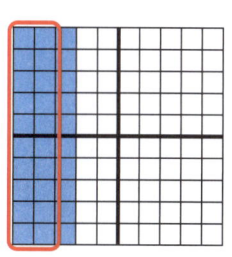

50 − _30_ = _____   80 − _____ = _____   30 − _____ = _____

1 Male und rechne.

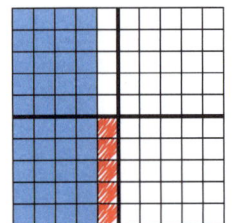 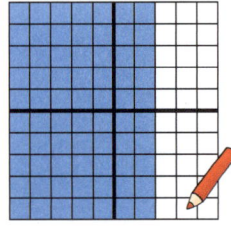 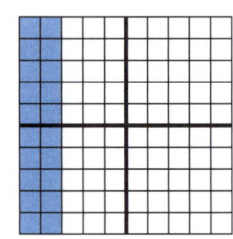 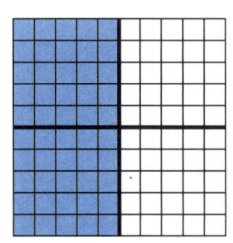

40 + 5 = _45_   70 + 4 = ____   20 + 7 = ____   50 + 8 = ____

2 Wie heißt die Zahl?

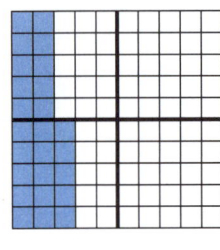 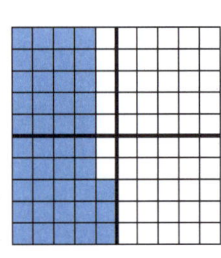 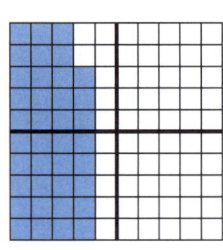 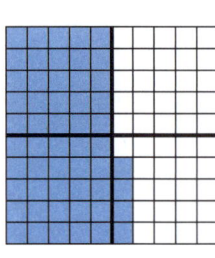

_25_   ____   ____   ____

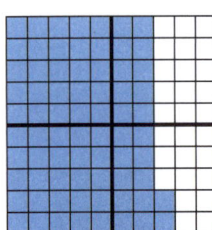 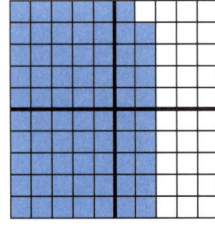 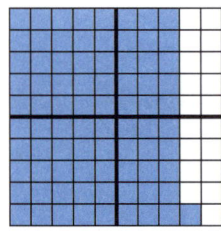 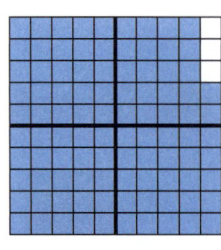

____   ____   ____   ____

3 Kreise ein und rechne.

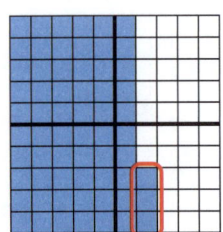 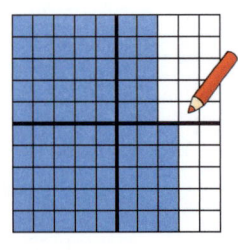 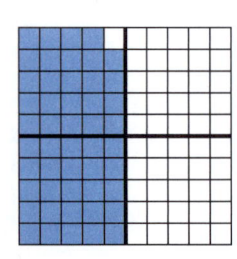 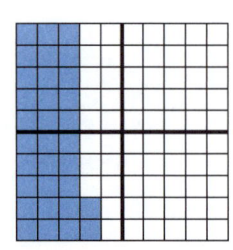

63 – 3 = ____   75 – 5 = ____   49 – 9 = ____   32 – 2 = ____

1 Rechne zuerst die verwandte Aufgabe.

3 + 5 = __8__   8 + 1 = _____   2 + 7 = _____   6 + 3 = _____

23 + 5 = __28__   48 + 1 = _____   12 + 7 = _____   56 + 3 = _____

5 + 1 = _____   3 + 4 = _____   2 + 6 = _____   1 + 8 = _____

35 + 1 = _____   73 + 4 = _____   42 + 6 = _____   71 + 8 = _____

2 + 5 = _____   4 + 4 = _____   7 + 2 = _____   3 + 6 = _____

62 + 5 = _____   24 + 4 = _____   37 + 2 = _____   53 + 6 = _____

1 + 6 = _____   5 + 3 = _____   6 + 2 = _____   4 + 5 = _____

41 + 6 = _____   95 + 3 = _____   86 + 2 = _____   34 + 5 = _____

2 Rechne zuerst die verwandte Aufgabe.

9 − 4 = _____   6 − 3 = _____   3 − 2 = _____   5 − 1 = _____

29 − 4 = _____   96 − 3 = _____   63 − 2 = _____   45 − 1 = _____

7 − 5 = _____   8 − 7 = _____   2 − 1 = _____   4 − 3 = _____

57 − 5 = _____   38 − 7 = _____   82 − 1 = _____   44 − 3 = _____

8 − 6 = _____   9 − 8 = _____   6 − 4 = _____   7 − 5 = _____

78 − 6 = _____   79 − 8 = _____   56 − 4 = _____   37 − 5 = _____

6 − 5 = _____   7 − 4 = _____   5 − 2 = _____   4 − 2 = _____

86 − 5 = _____   67 − 4 = _____   95 − 2 = _____   54 − 2 = _____

Zahlenstrahl

1 Trage die **Zehnerzahlen** ein.

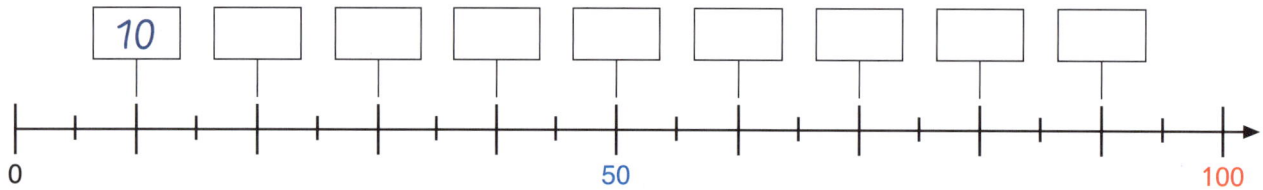

2 Trage alle Zahlen mit einer **5 an der Einerstelle** ein.

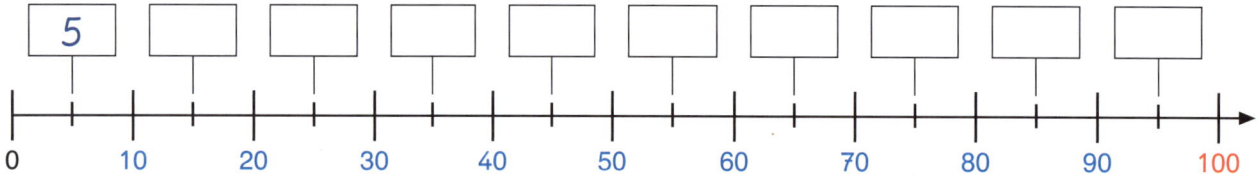

3 Welche Zahlen sind es?

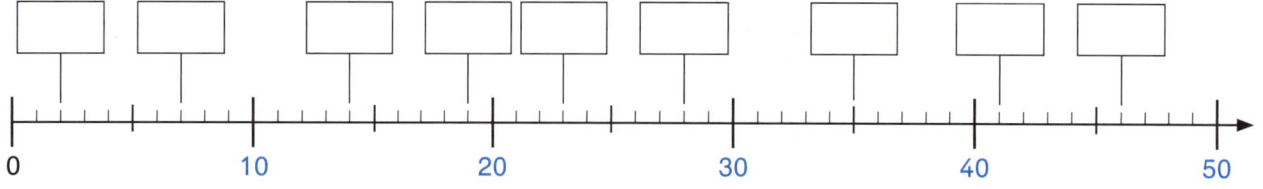

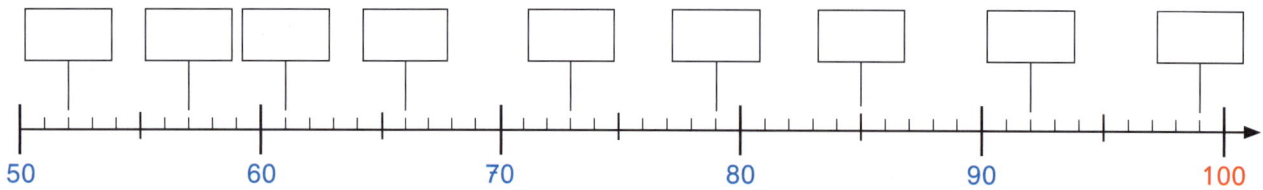

4 Trage diese Zahlen ein: 33, 12, 54, 3, 65, 24, 42, 77, 86, 99

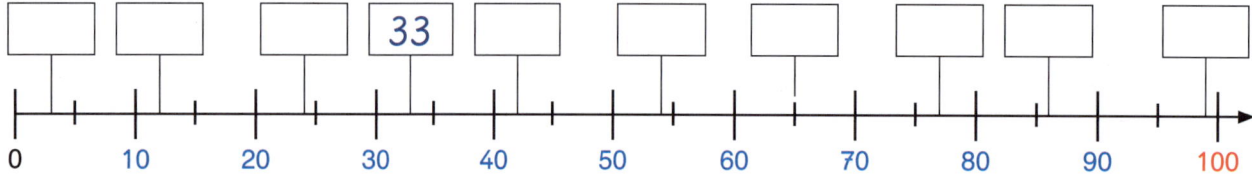

1 ct	2 ct	5 ct	10 ct	20 ct	50 ct

Wie viel Cent sind es?

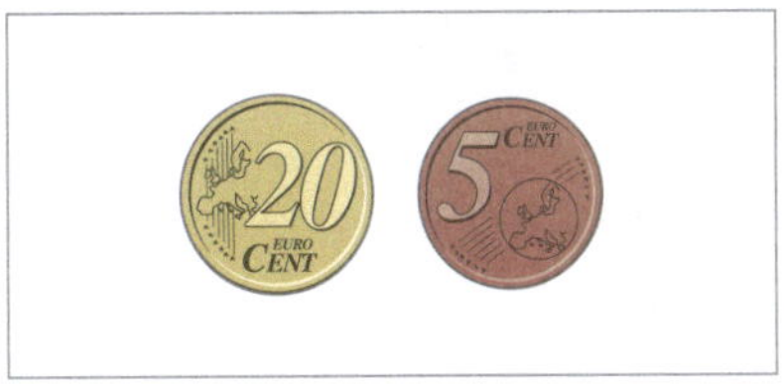

_25_ ct	_____ ct	_____ ct
_____ ct	_____ ct	_____ ct
_____ ct	_____ ct	_____ ct
_____ ct	_____ ct	_____ ct
_____ ct	_____ ct	_____ ct

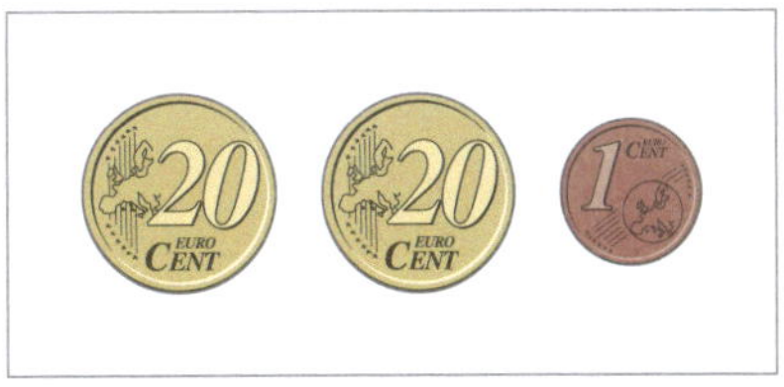

15

SB S. 31

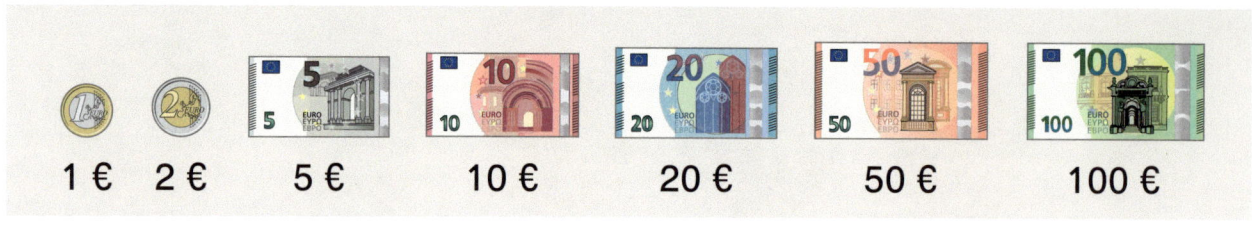

1 € 2 € 5 € 10 € 20 € 50 € 100 €

Wie viel Euro sind es?

_____ €

_____ €

_____ €

_____ €

_____ €

_____ €

_____ €

_____ €

_____ €

_____ €

_____ €

_____ €

_____ €

_____ €

_____ €

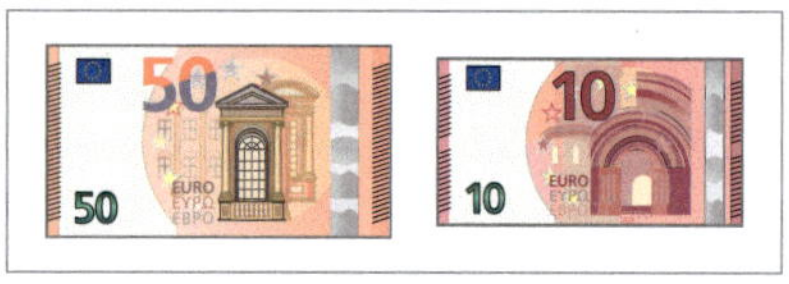

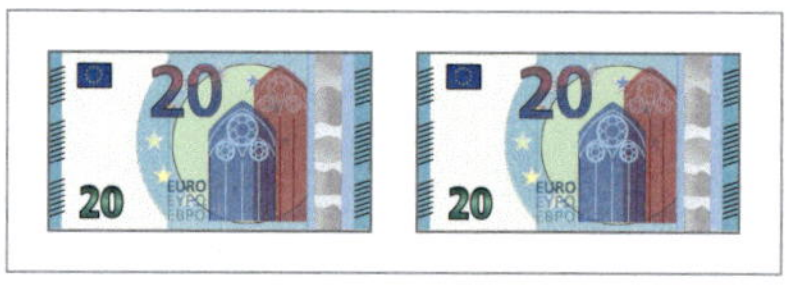

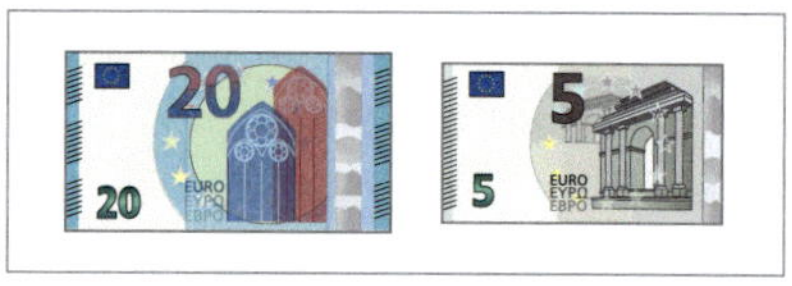

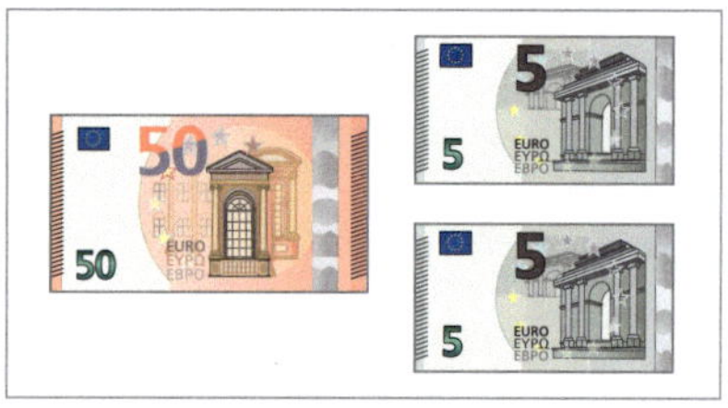

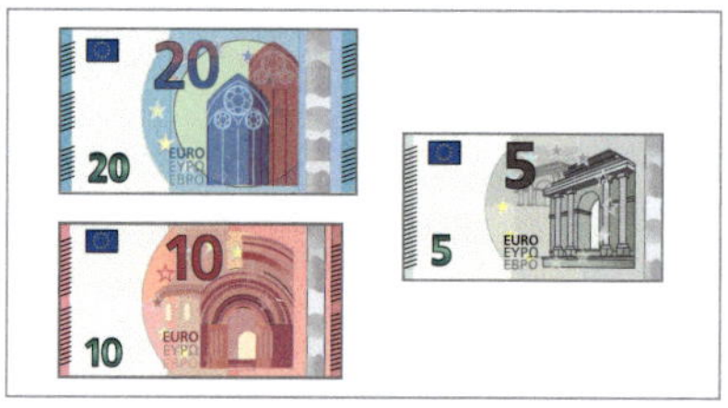

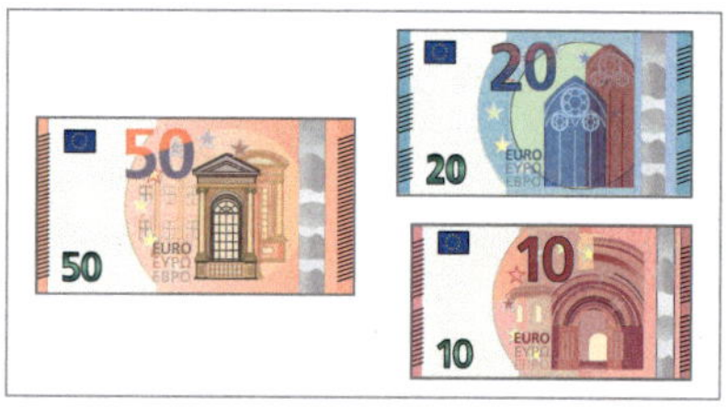

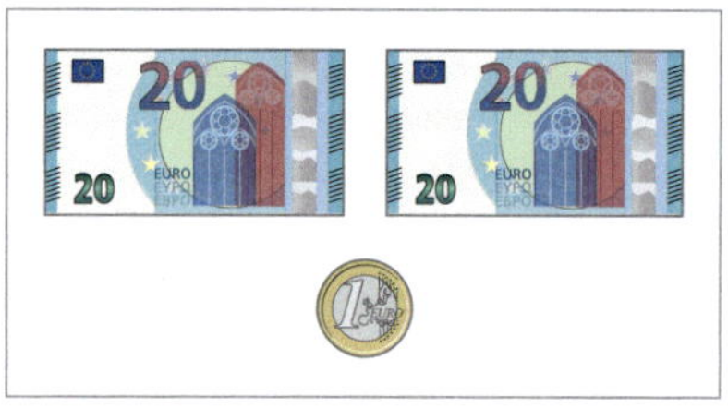

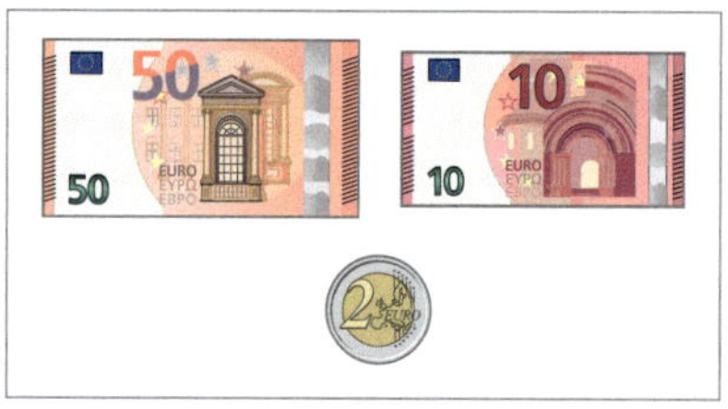

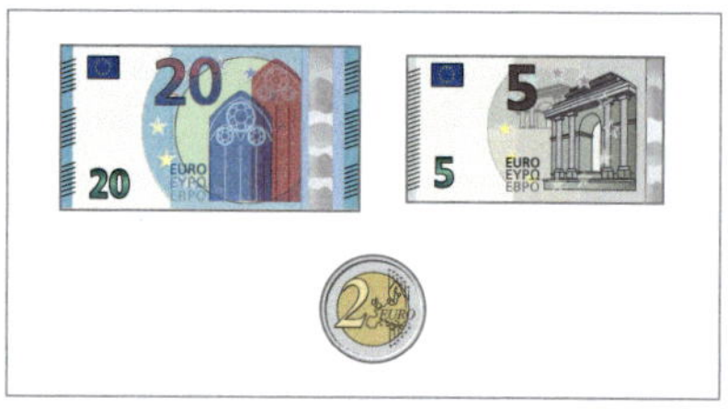

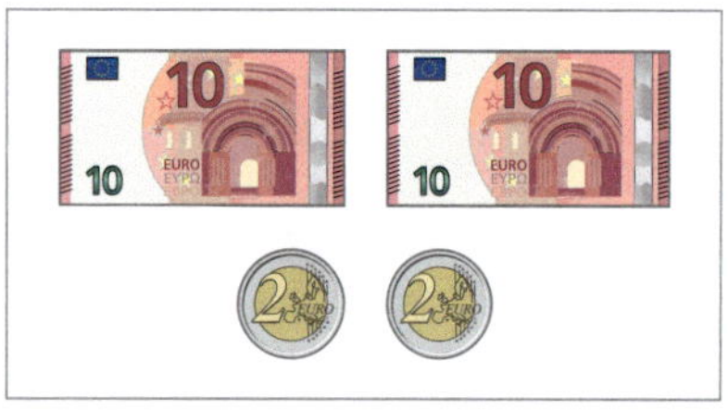

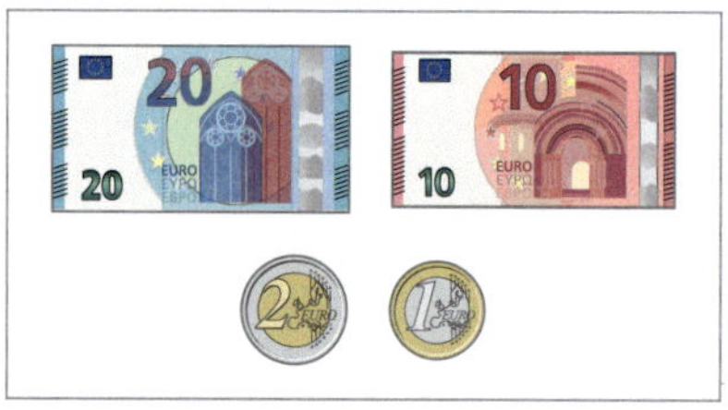

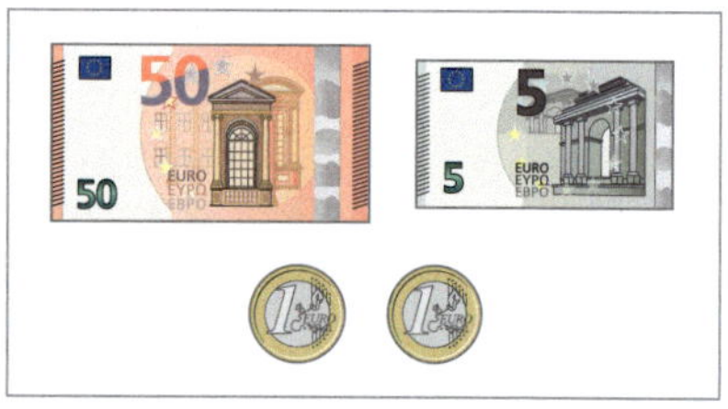

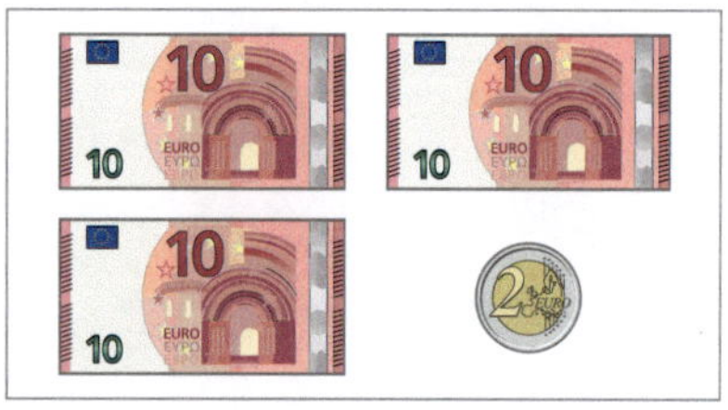

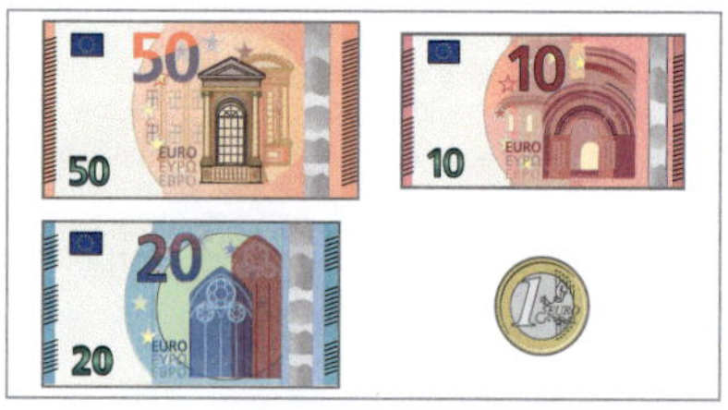

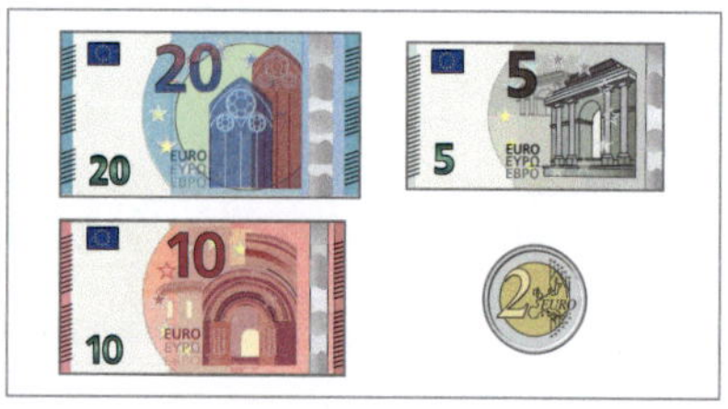

1 a) Wie viel Euro hat jedes Kind?

Jana hat _____ €   Noemi hat _____ €   Tobi hat _____ €

b) Was stimmt? Kreuze an.

☐ Jana hat **mehr** als 25 €.   ☐ Noemi hat **weniger** als 80 €.
☐ Tobi hat **mehr** als 60 €.   ☐ Jana hat **weniger** als 20 €.

2 Wie viel Euro und Cent sind es?

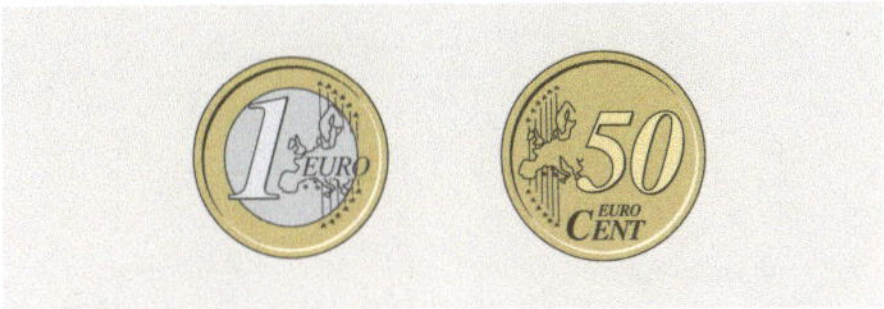

1 € 50 c t = 1,50 €

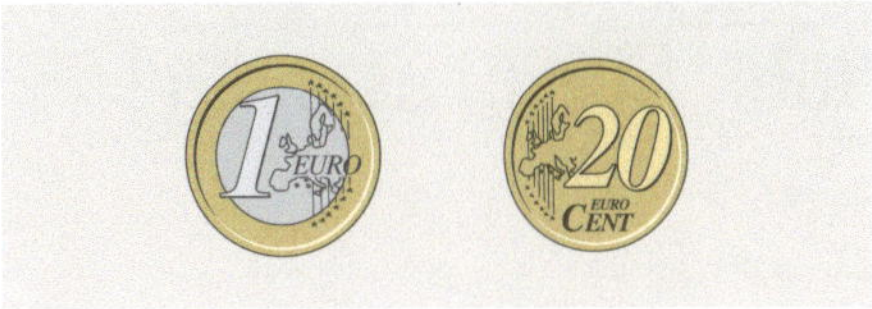

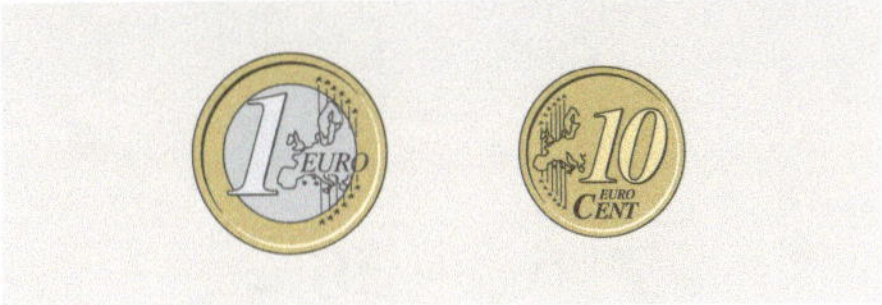

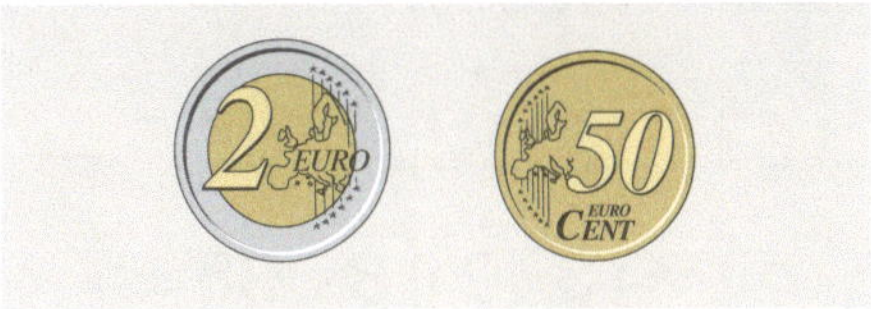

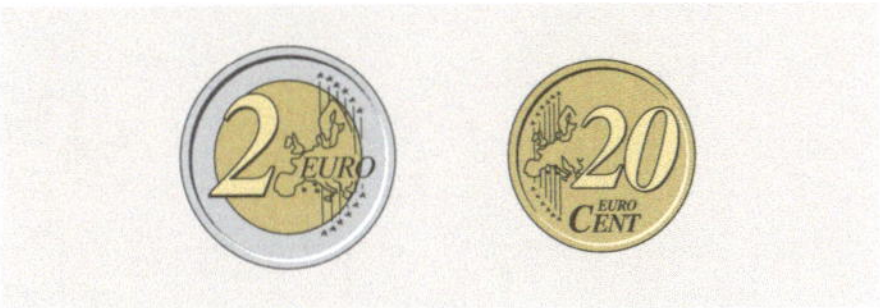

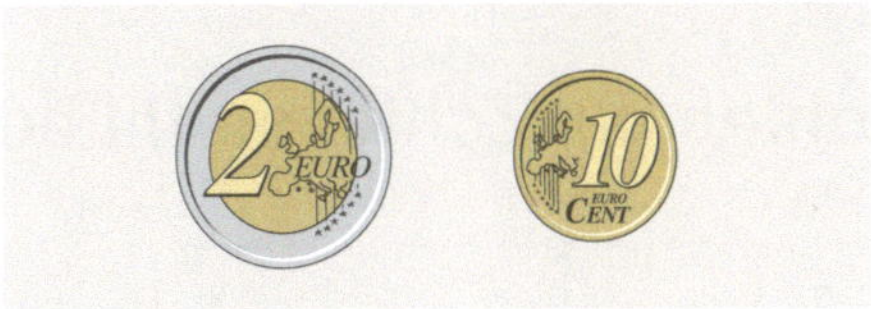

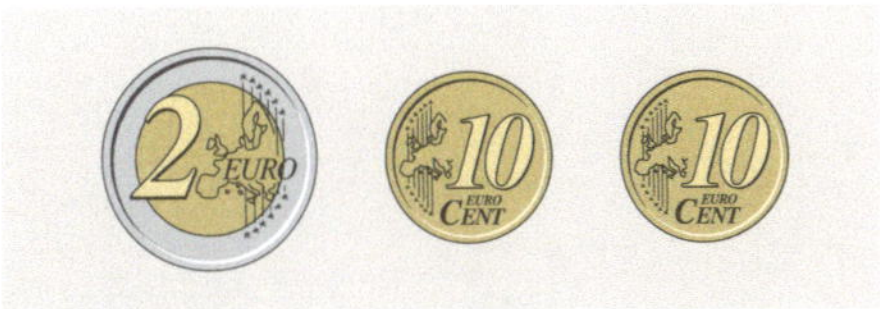

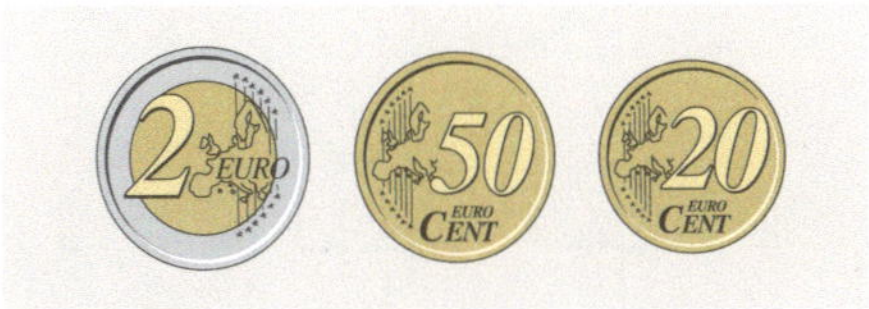

1 Zahlen bündeln

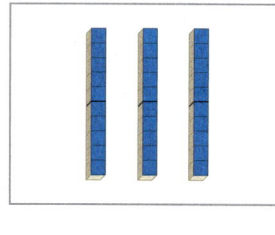 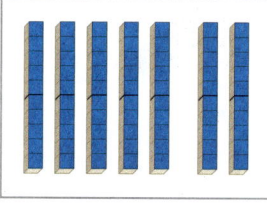 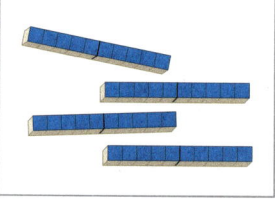 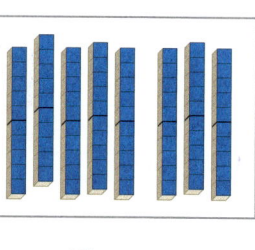

___ Z _____   ___ Z _____   ___ Z _____   ___ Z _____

2 Zahlen schreiben

sechs	und	drei**ßig**	☐☐	___
drei	und	neun**zig**	☐☐	___
acht	und	zwan**zig**	☐☐	___
fünf	und	sech**zig**	☐☐	___

3 Zahlen zerlegen

8 3 → 8 0 3	83 = _____ + ___		9 4 → 94 = _____ + ___
6 2 → 6 0 2	62 = _____ + ___		5 5 → 55 = _____ + ___
3 8 → 3 0 8	38 = _____ + ___		7 6 → 76 = _____ + ___
4 6 → 4 0 6	46 = _____ + ___		2 7 → 27 = _____ + ___

4 Zahlen am Zahlenstrahl benennen

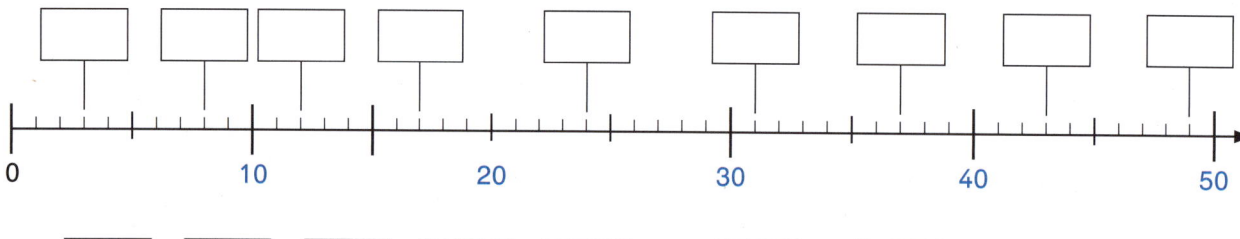

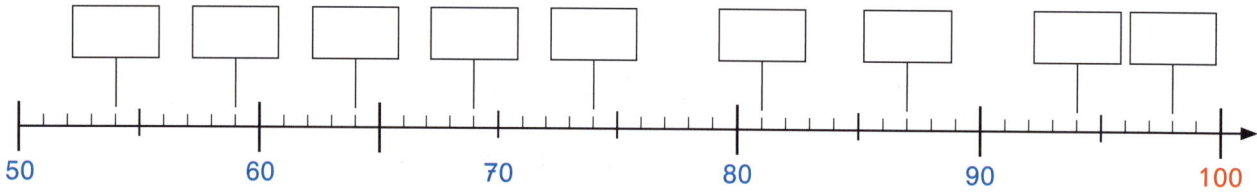

5 Mit Zehnerzahlen rechnen

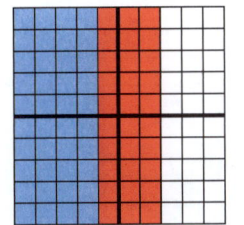 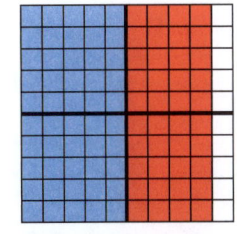 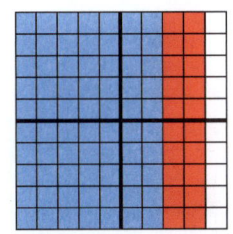

40 + _____ = _____   50 + _____ = _____   70 + _____ = _____

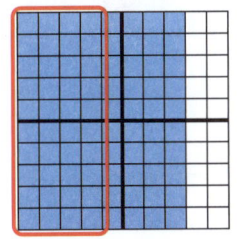 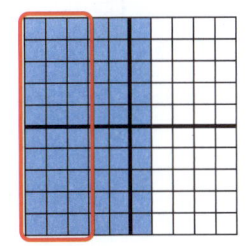 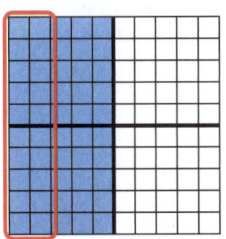

80 – _____ = _____   60 – _____ = _____   50 – _____ = _____

6 Mit verwandten Aufgaben rechnen

7 + 2 = _____   4 + 5 = _____   8 + 1 = _____   5 + 3 = _____

47 + 2 = _____   74 + 5 = _____   28 + 1 = _____   65 + 3 = _____

8 – 7 = _____   5 – 3 = _____   4 – 2 = _____   7 – 4 = _____

38 – 7 = _____   85 – 3 = _____   54 – 2 = _____   67 – 4 = _____

7 Geldbeträge notieren

_____ ct   _____ ct   _____ ct

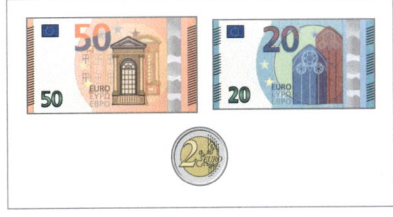 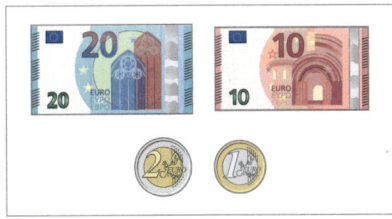 

_____ €   _____ €   _____ €

Rechne.

26 + 7

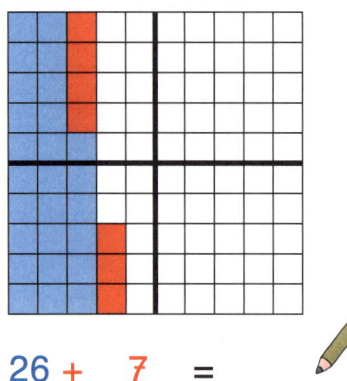

26 +   7   = _____

26 + 4 + 3 = 33

48 + 6

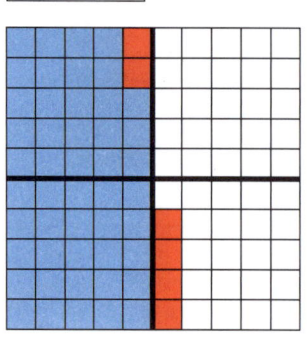

48 +   6   = _____

48 + 2 + ___ = _____

34 + 8

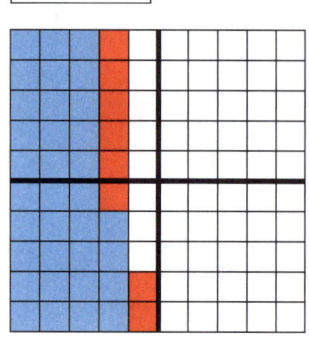

34 +   8   = _____

34 + 6 + ___ = _____

67 + 6

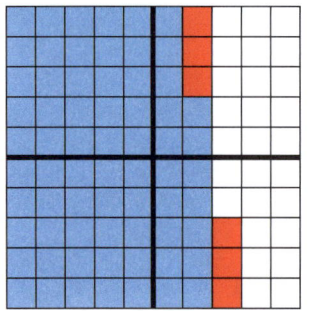

67 +   6   = _____

67 + ___ + ___ = _____

59 + 5

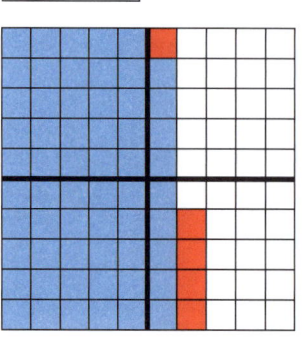

59 +   5   = _____

59 + ___ + ___ = _____

73 + 9

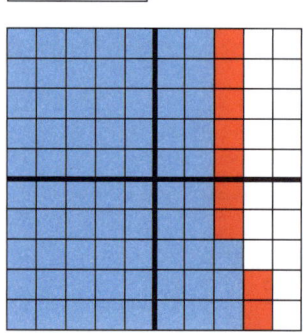

73 +   9   = _____

73 + ___ + ___ = _____

28 + 3

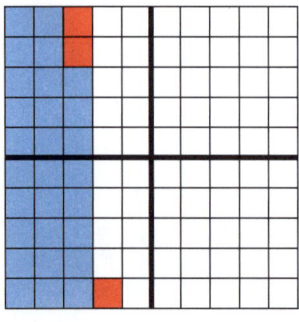

28 +   3   = _____

28 + ___ + ___ = _____

47 + 7

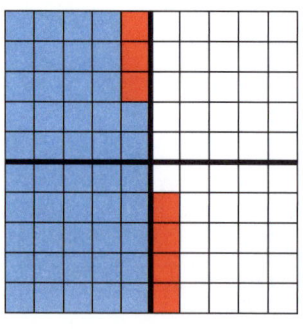

47 +   7   = _____

47 + ___ + ___ = _____

85 + 8

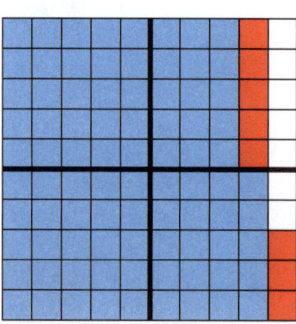

85 +   8   = _____

85 + ___ + ___ = _____

Rechne. Nutze den Rechenstrich.

Zum Zehner

38 + 5 = _____

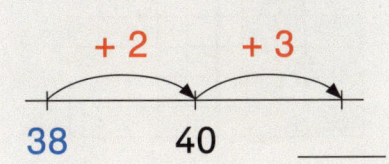

29 + 4 = _____

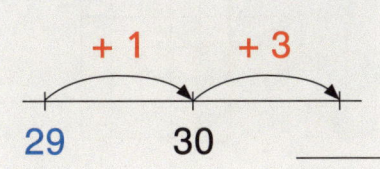

57 + 6 = _____

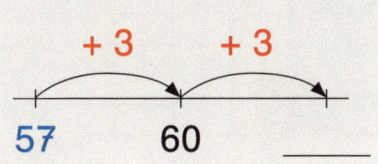

46 + 6 = _____

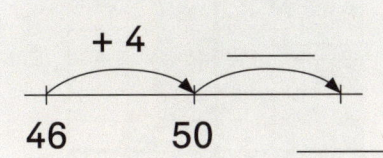

65 + 7 = _____

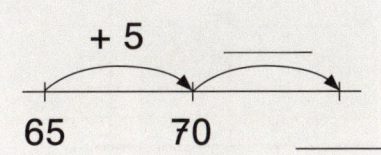

73 + 8 = _____

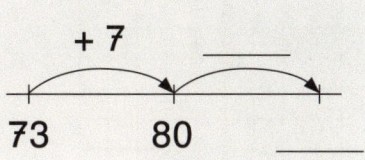

27 + 5 = _____

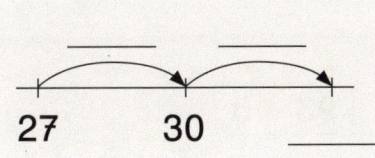

56 + 8 = _____

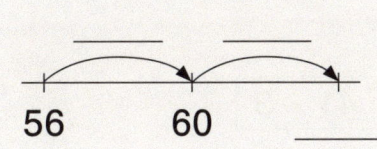

32 + 9 = _____

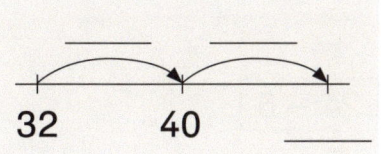

45 + 8 = _____

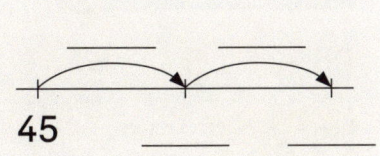

89 + 3 = _____

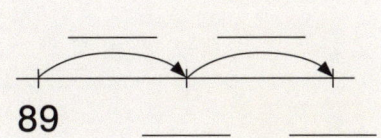

24 + 7 = _____

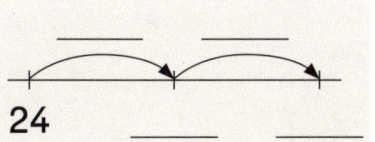

Rechne.

| 32 – 5 | 53 – 7 | 36 – 8 |

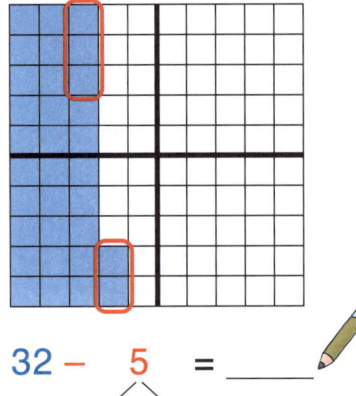 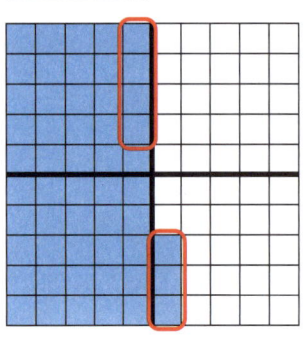 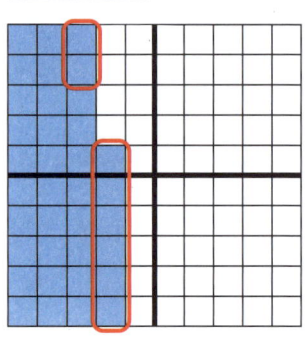

$32 - 5 =$ _____

$32 - 2 - 3 = \underline{27}$

$53 - 7 =$ _____

$53 - 3 -$ __ $=$ _____

$36 - 8 =$ _____

$36 - 6 -$ __ $=$ _____

| 65 – 8 | 82 – 4 | 76 – 9 |

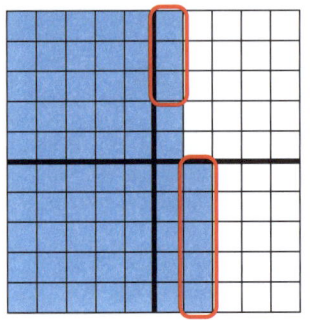 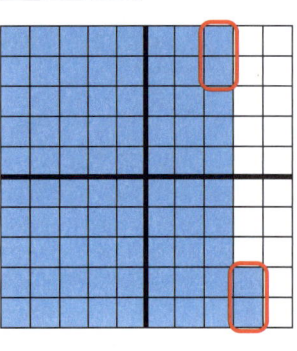 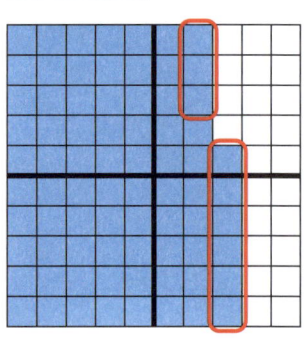

$65 - 8 =$ _____

$65 -$ __ $-$ __ $=$ _____

$82 - 4 =$ _____

$82 -$ __ $-$ __ $=$ _____

$76 - 9 =$ _____

$76 -$ __ $-$ __ $=$ _____

| 24 – 6 | 41 – 3 | 93 – 5 |

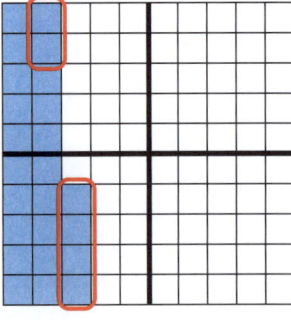 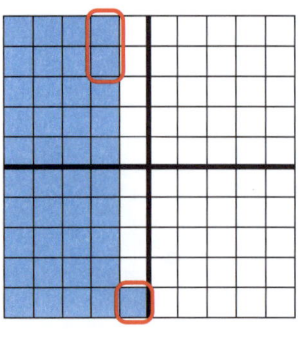 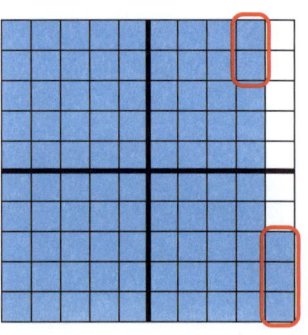

$24 - 6 =$ _____

$24 -$ __ $-$ __ $=$ _____

$41 - 3 =$ _____

$41 -$ __ $-$ __ $=$ _____

$93 - 5 =$ _____

$93 -$ __ $-$ __ $=$ _____

Rechne. Nutze den Rechenstrich.

Zum Zehner

43 − 4 = _____

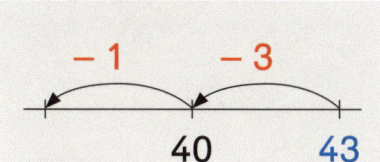

52 − 6 = _____

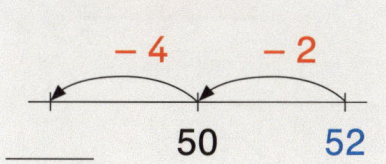

24 − 8 = _____

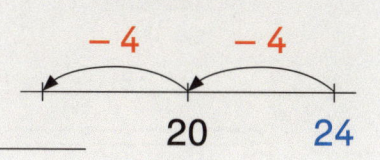

75 − 7 = _____

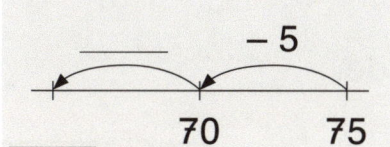

33 − 5 = _____

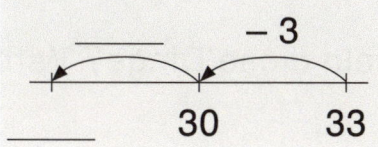

62 − 3 = _____

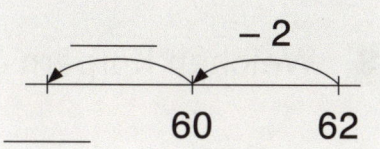

85 − 9 = _____

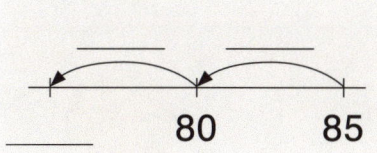

46 − 8 = _____

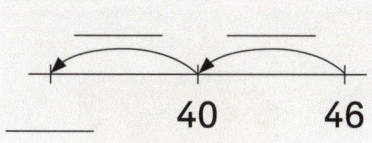

51 − 7 = _____

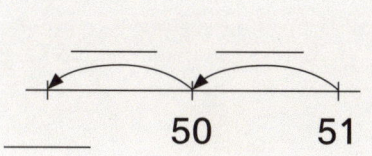

21 − 4 = _____

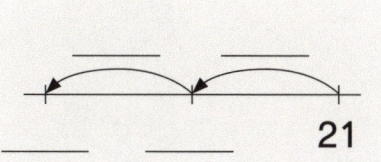

34 − 7 = _____

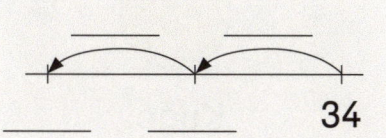

72 − 6 = _____

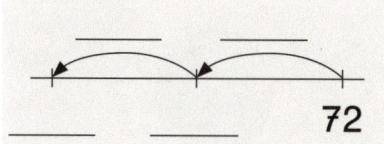

1 Male an.

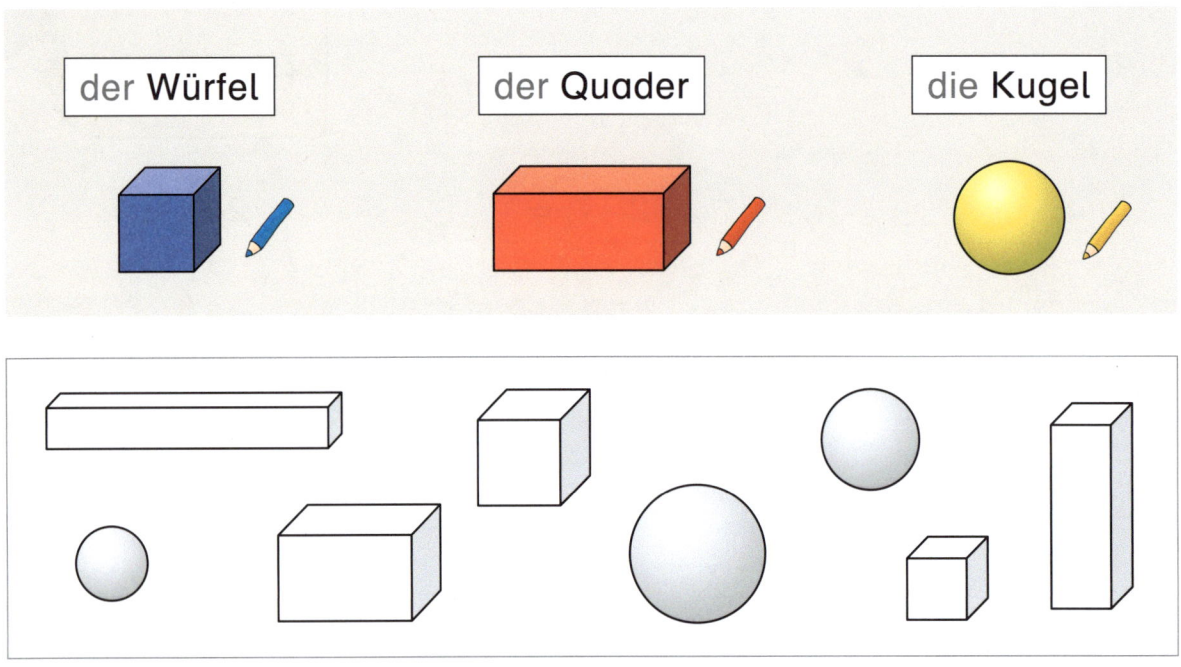

2 Welchen Körpern ähneln diese Dinge? Verbinde.

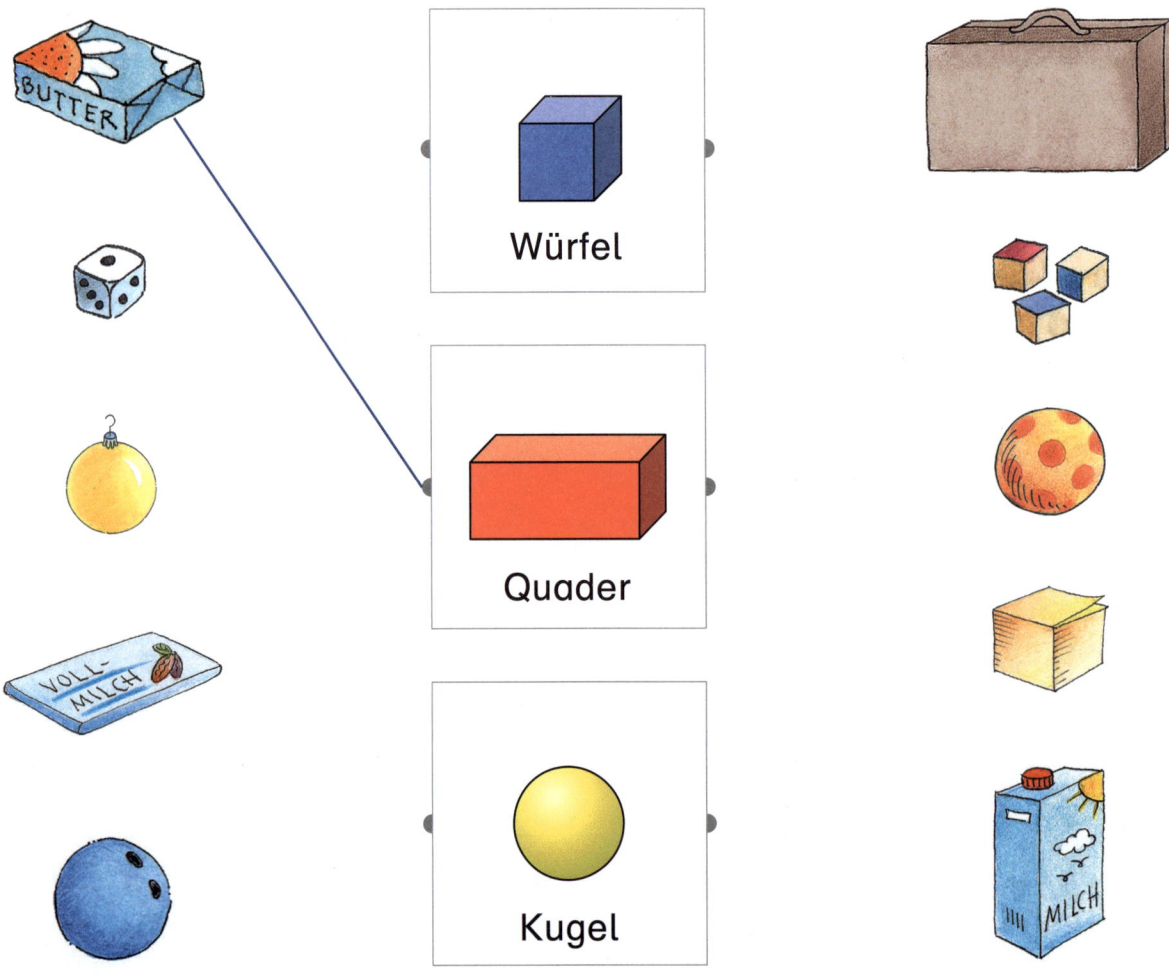

1 Wo sind die Körper?
Setze richtig ein: links von   rechts von   auf   unter

Der Zylinder ist _links von_ dem Quader.

Der Würfel ist _____ dem Quader.

Die Kugel ist _____ dem Quader.

Der Quader ist _____ der Kugel.

Der Quader ist _____ dem Würfel.

2 Welcher Körper ist es?
Vervollständige die Sätze.

Der Zylinder ist rechts von dem _Würfel_.

Die Kugel ist auf dem _____.

Der Quader ist hinter dem _____.

Der Würfel ist vor dem _____.

Der Quader ist unter der _____.

3 Richtig oder falsch? Kreuze an.

richtig	falsch	
☐	☒	Der Zylinder ist rechts vom Quader.
☒	☐	Der Würfel ist unter dem Zylinder.
☐	☐	Der Quader ist vor dem Würfel.
☐	☐	Die Kugel ist vor dem Quader.
☐	☐	Der Quader ist hinter der Kugel.
☐	☐	Der Würfel ist auf dem Quader.

1 Welcher Bauplan gehört zu welchem Gebäude? Verbinde.

 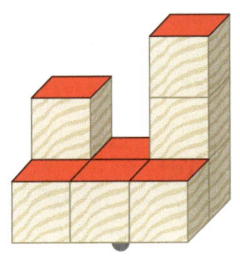 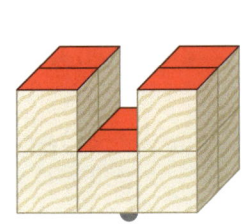 

2	1	2
2	1	2

3	2	1
2	1	1

1	2	2
1	1	1

2	1	3
1	1	1

2 Trage die fehlenden Zahlen in die Baupläne ein.

 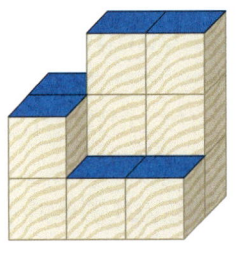  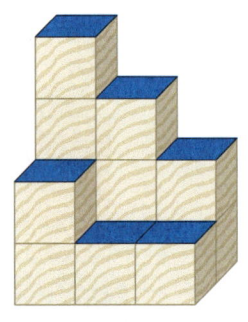

1		1
1	2	

2		
	1	1

2		1
	1	2

	3	

3 Wie viele Würfel wurden verbaut?

 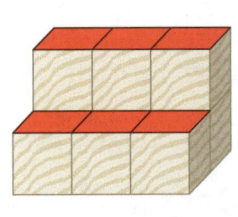  

_____ Würfel   _____ Würfel   _____ Würfel   _____ Würfel

1 Welche Ansicht sieht Tobi? Kreuze an.

 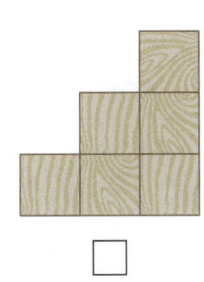 ☐  ☐ 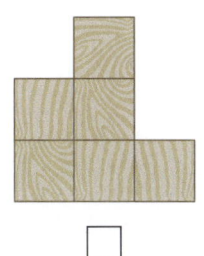 ☐

 2 Welche Ansicht sieht Ali? Kreuze an.

  ☐  ☐  ☐

 3 Welche Ansicht sieht Jana? Kreuze an.

  ☐  ☐  ☐

 4 Bei welchem Gebäude gibt es diese Ansicht? Kreuze an.

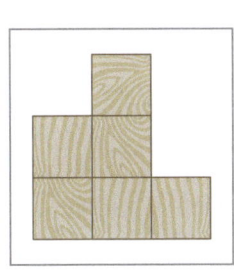  ☐  ☐  ☐

Wie spät ist es nun? Wie viel Zeit ist vergangen?

 3 Uhr ___ Stunde später →  _____ Uhr

 6 Uhr ___ Stunden später →  _____ Uhr

 2 Uhr ___ Stunden später →  _____ Uhr

 4 Uhr ___ Stunden später →  _____ Uhr

 10 Uhr ___ Stunden später → 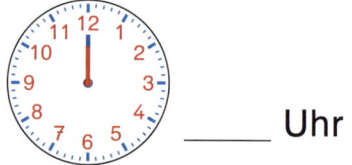 _____ Uhr

 15 Uhr ___ Stunden später → 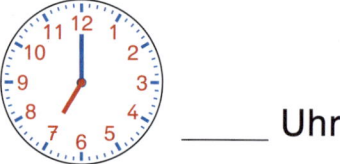 _____ Uhr

 12 Uhr ___ Stunden später →  _____ Uhr

5 min

<u>6.05 Uhr</u>

<u>18.05 Uhr</u>

10 min

_____

_____

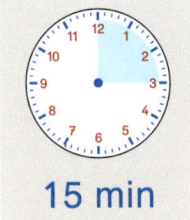

15 min

_____

_____

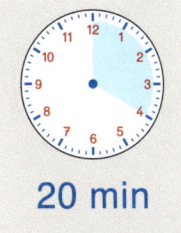

20 min

_____

_____

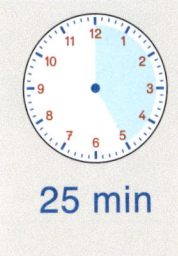

25 min

_____

_____

30 min

_____

_____

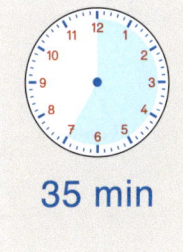

35 min

_____

_____

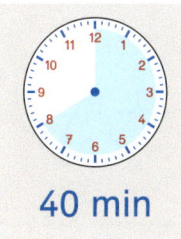

40 min

_____

_____

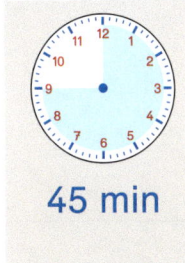

45 min

_____

_____

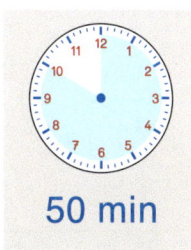

50 min

_____

_____

15 min

7.15 Uhr

19.15 Uhr

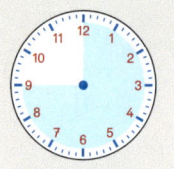

45 min

_____

_____

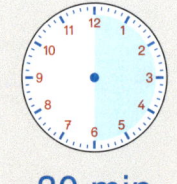

30 min

_____

_____

10 min

_____

_____

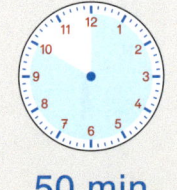

50 min

_____

_____

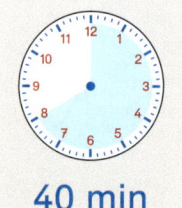

40 min

_____

_____

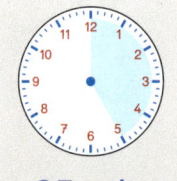

25 min

_____

_____

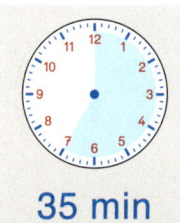

35 min

_____

_____

55 min

_____

_____

5 min

_____

_____

Wie viele Minuten sind vergangen?

_____5_____ Uhr   _____30_____ Minuten später ⟶   _____ Uhr

_____ Uhr   _____ Minuten später ⟶   _____ Uhr

_____ Uhr   _____ Minuten später ⟶   _____ Uhr

_____ Uhr   _____ Minuten später ⟶   _____ Uhr

_____ Uhr   _____ Minuten später ⟶   _____ Uhr

1 Den Rechenweg am Rechenstrich notieren

55 + 8 = _____

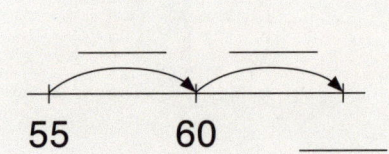

27 + 6 = _____

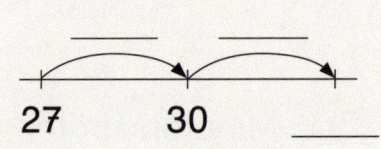

86 + 9 = _____

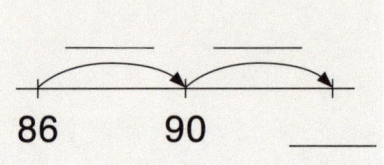

74 − 7 = _____

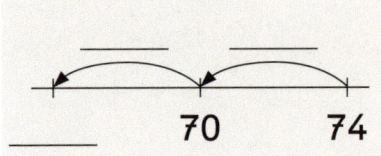

32 − 4 = _____

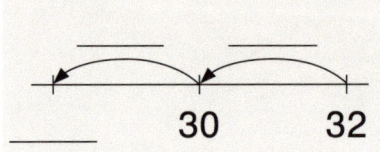

43 − 5 = _____

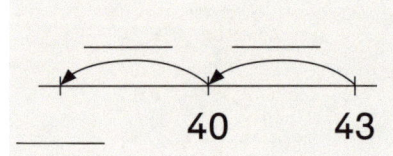

2 Ansichten zuordnen

Bei welchen Gebäuden gibt es diese Ansicht? ☒ ☒

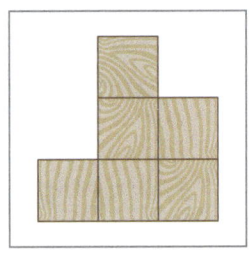   

☐ ☐ ☐

3 Baupläne ausfüllen und Anzahl der Würfel bestimmen

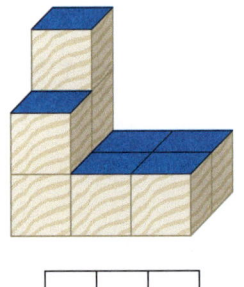

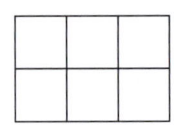

_____ Würfel

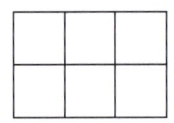

_____ Würfel

_____ Würfel

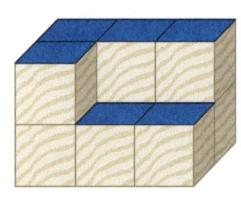

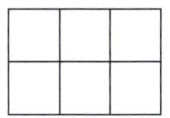

_____ Würfel

4 Geometrische Körper benennen

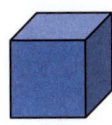

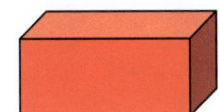

_____ _____ _____

5 Die Lage der Körper beschreiben

Der Zylinder ist _rechts von_ der Kugel.

Der Würfel ist _____ dem Quader.

Der Quader ist _____ dem Würfel.

Die Kugel ist _____ dem Quader.

6 Uhrzeiten ablesen

30 min

_____

_____

20 min

_____

_____

7 Zeitspannen berechnen

5.00 Uhr _____ Stunden später →  _____ Uhr

19.00 Uhr _____ Minuten später →  _____ Uhr

Rechne. Nutze den Rechenstrich.

34 + 23 = _____

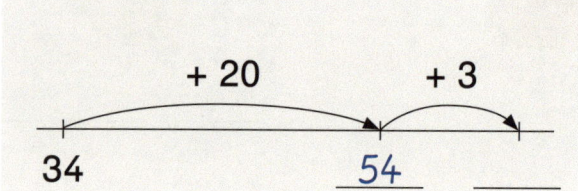

27 + 41 = _____

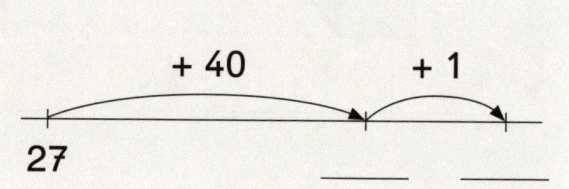

42 + 34 = _____

51 + 46 = _____

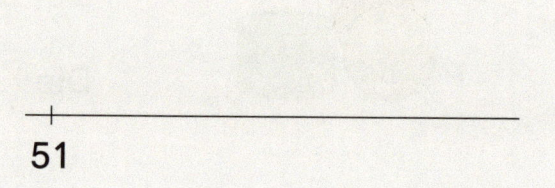

33 + 51 = _____

64 + 15 = _____

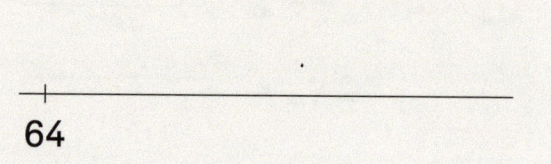

14 + 43 = _____

26 + 23 = _____

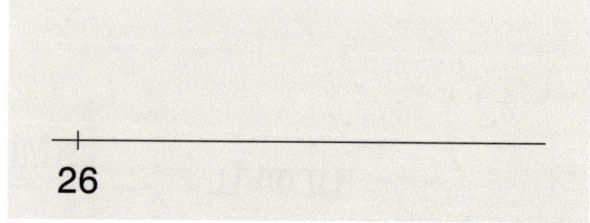

Rechne. Nutze den Rechenstrich.

37 + 29 = _____

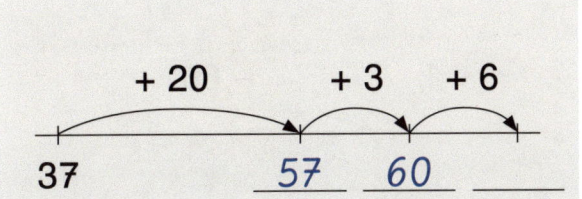

+ 20   + 3   + 6

37   57   60   _____

26 + 65 = _____

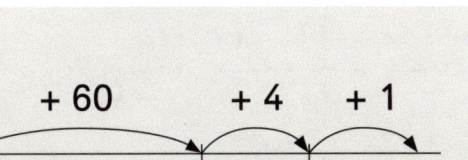

+ 60   + 4   + 1

26   86   _____   _____

46 + 27 = _____

46

58 + 36 = _____

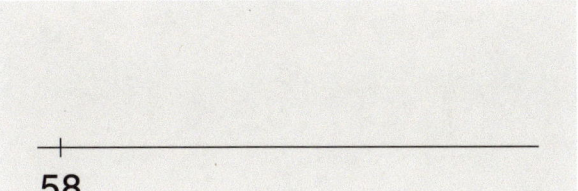

58

37 + 48 = _____

37

66 + 15 = _____

66

18 + 34 = _____

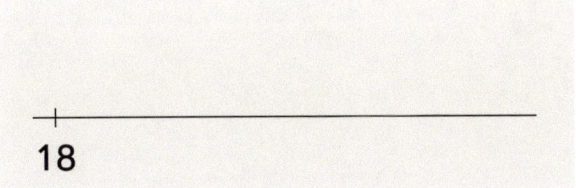

18

24 + 37 = _____

24

Rechne. Nutze den Rechenstrich.

58 − 24 = _____

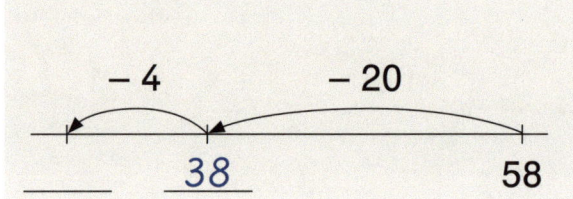

95 − 61 = _____

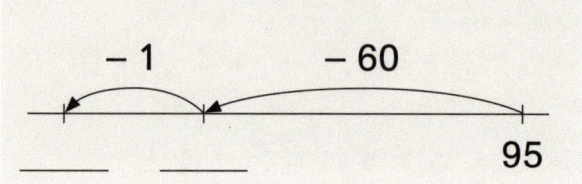

36 − 14 = _____

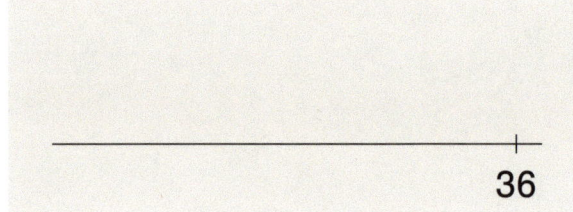

47 − 23 = _____

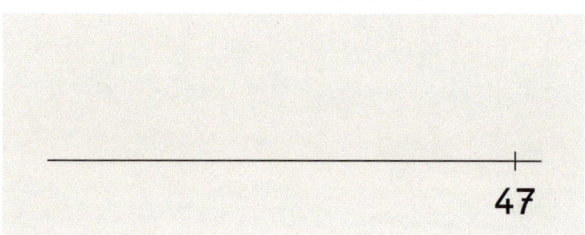

59 − 25 = _____

68 − 32 = _____

74 − 42 = _____

89 − 51 = _____

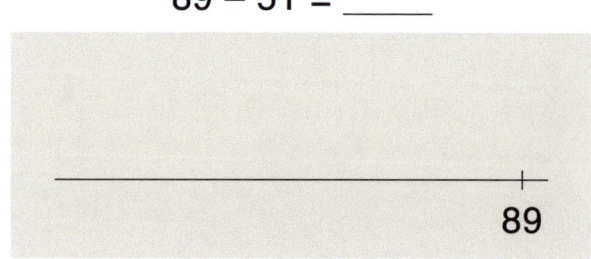

Rechne. Nutze den Rechenstrich.

54 − 29 = _____

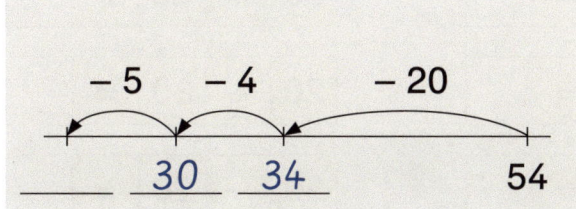

92 − 75 = _____

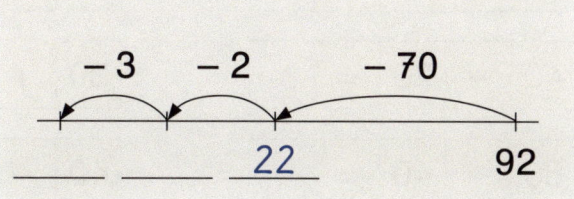

34 − 18 = _____

45 − 26 = _____

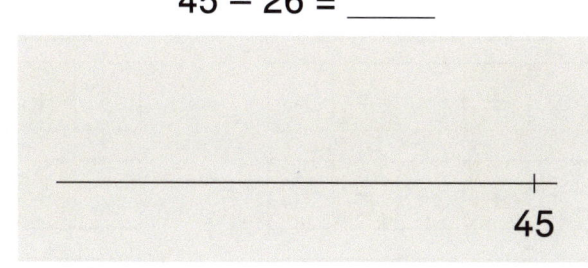

62 − 34 = _____

73 − 46 = _____

56 − 17 = _____

71 − 35 = _____

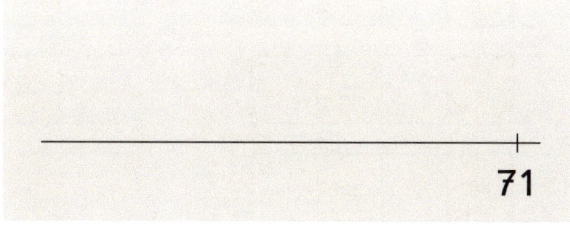

20	40	60

20	+	40	=	60

40	+	20	=	

60	−	40	=	

60	−	20	=	

10	30	40

10	+	30	=	

30	+	10	=	

40	−	30	=	

40	−	10	=	

30	50	20

30	+	20	=	

20	+	30	=	

50	−	20	=	

50	−	30	=	

35	15	50

	+		=	50

	+		=	50

50	−		=	

50	−		=	

45	25	70

	+		=	70

	+		=	70

70	−		=	

70	−		=	

25	80	55

	+		=	80

	+		=	80

80	−		=	

80	−		=	

34	16	50

	+		=	

	+		=	

	−		=	

	−		=	

23	37	60

	+		=	

	+		=	

	−		=	

	−		=	

52	80	28

	+		=	

	+		=	

	−		=	

	−		=	

1 Rechne.

50 + _____ = 70	10 + _____ = 50	20 + _____ = 80
60 + _____ = 90	40 + _____ = 70	50 + _____ = 90
30 + _____ = 50	70 + _____ = 90	10 + _____ = 60
20 + _____ = 60	30 + _____ = 60	40 + _____ = 100

25 + _____ = 45	55 + _____ = 95	50 + _____ = 85
45 + _____ = 85	65 + _____ = 85	40 + _____ = 95
35 + _____ = 55	45 + _____ = 75	10 + _____ = 55
15 + _____ = 65	25 + _____ = 55	30 + _____ = 75

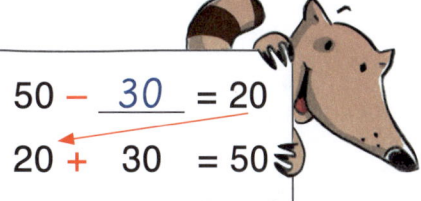

$$50 - \underline{30} = 20$$
$$20 + 30 = 50$$

2 Rechne. Die Umkehraufgabe hilft!

50 − _____ = 20	80 − _____ = 30	40 − _____ = 20
60 − _____ = 30	90 − _____ = 10	30 − _____ = 10
50 − _____ = 10	60 − _____ = 20	70 − _____ = 30
70 − _____ = 20	100 − _____ = 50	80 − _____ = 50

55 − _____ = 25	95 − _____ = 35	85 − _____ = 30
85 − _____ = 35	75 − _____ = 45	95 − _____ = 50
45 − _____ = 15	35 − _____ = 15	75 − _____ = 50
65 − _____ = 45	85 − _____ = 55	65 − _____ = 30

Was fällt dir auf? Ergänze die Sätze. Rechne und setze fort.

20 + 12 = _____

20 + 14 = _____   Die erste Zahl bleibt gleich.

20 + 16 = _____   Die zweite Zahl wird immer um _____ größer.

20 + 18 = _____   Das Ergebnis wird immer um _____ größer.

_____ + _____ = _____

35 + 40 = _____

34 + 40 = _____   Die erste Zahl wird immer um _____ kleiner.

33 + 40 = _____   Die zweite Zahl bleibt gleich.

32 + 40 = _____   Das Ergebnis wird immer um _____ kleiner.

_____ + _____ = _____

20 − 10 = _____

30 − 10 = _____   Die erste Zahl wird immer um _____ größer.

40 − 10 = _____   Die zweite Zahl bleibt gleich.

50 − 10 = _____   Das Ergebnis wird immer um _____ größer.

_____ − _____ = _____

Die erste Zahl wird immer um 10 größer.

Die zweite Zahl bleibt gleich.

Das Ergebnis wird immer um _____ größer.

35 + 23 = _____

_____ + _____ = _____

_____ + _____ = _____

_____ + _____ = _____

_____ + _____ = _____

Die Innenzahlen ergeben zusammen **100**. Trage die fehlenden Zahlen ein.

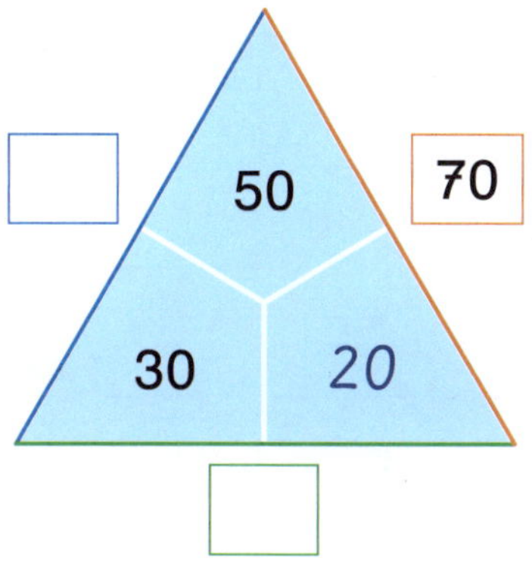

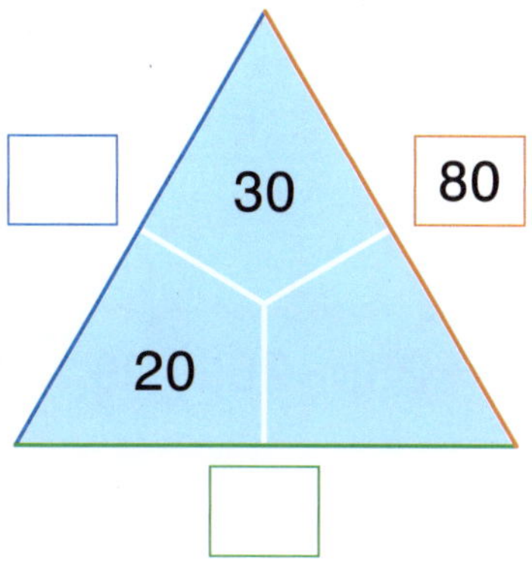

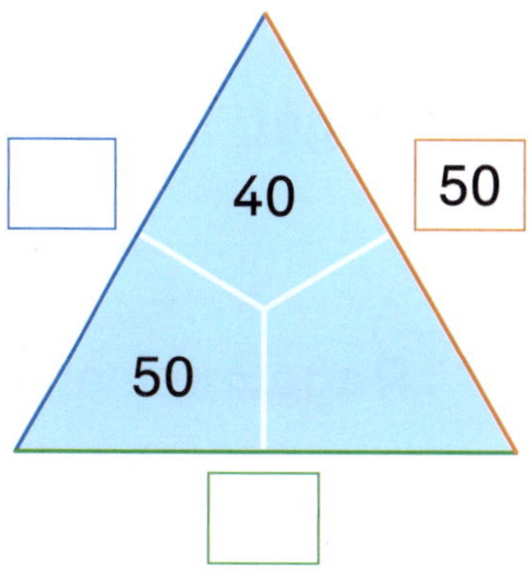

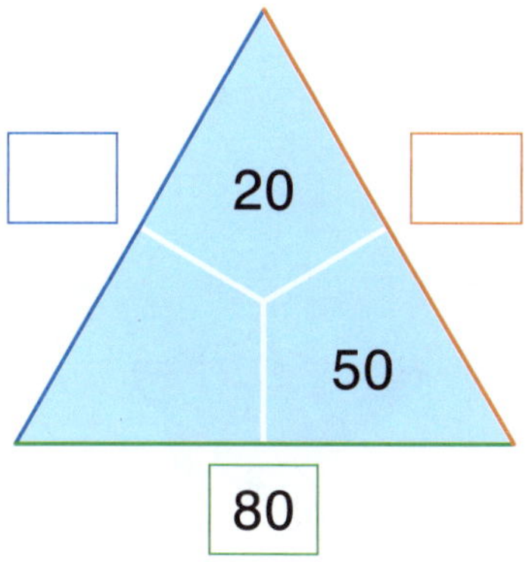

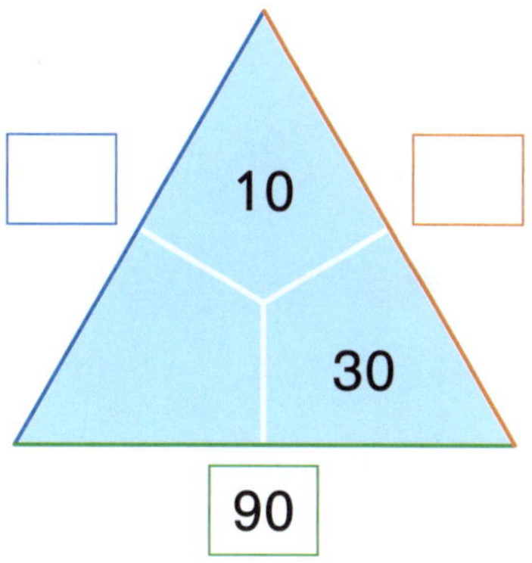

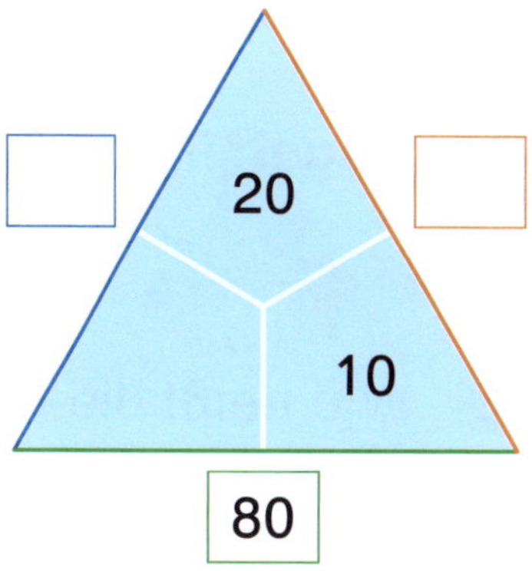

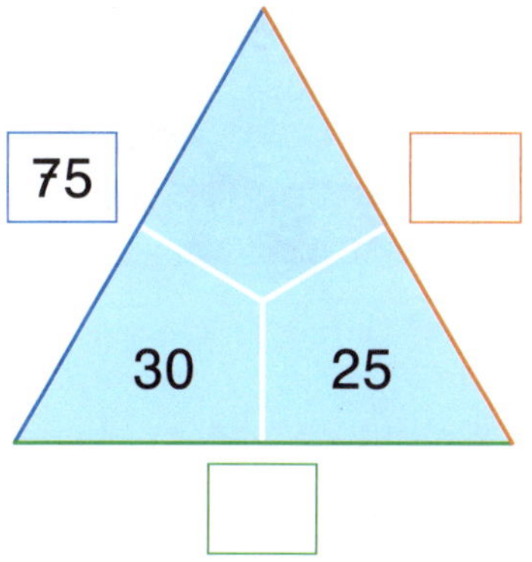

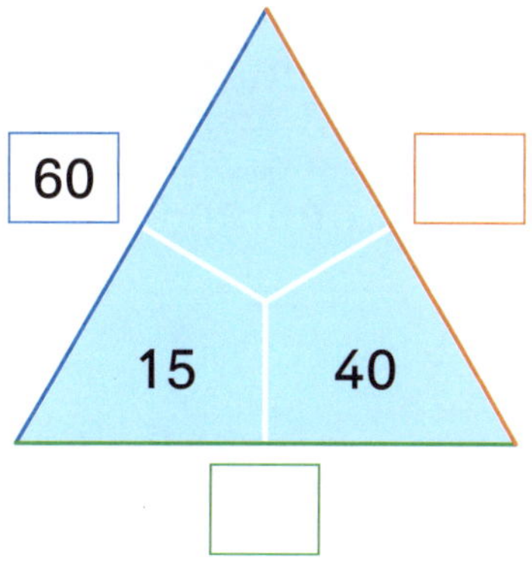

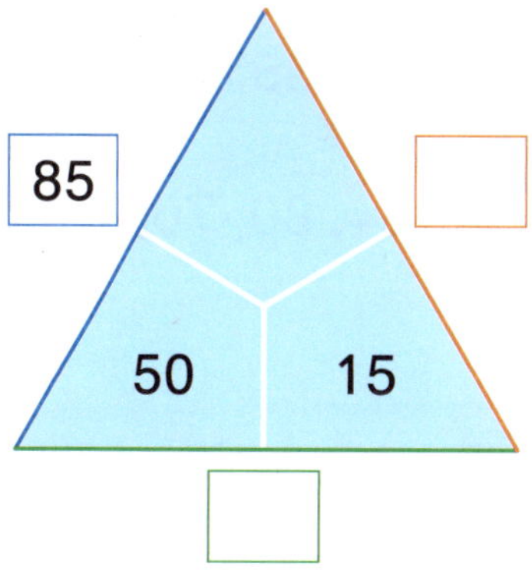

Reihe 1:

Dreieck 1: oben 50, links 30, rechts 20 (blau), obere Ecke leer, rechte Ecke 70, untere Ecke leer

Dreieck 2: oben 30, links 20, obere Ecke leer, rechte Ecke 80, untere Ecke leer

Dreieck 3: oben 40, links 50, obere Ecke leer, rechte Ecke 50, untere Ecke leer

Reihe 2:

Dreieck 4: oben 20, rechts 50, obere Ecke leer, rechte Ecke leer, untere Ecke 80

Dreieck 5: oben 10, rechts 30, obere Ecke leer, rechte Ecke leer, untere Ecke 90

Dreieck 6: oben 20, rechts 10, obere Ecke leer, rechte Ecke leer, untere Ecke 80

Reihe 3:

Dreieck 7: links 30, rechts 25, obere Ecke 75, rechte Ecke leer, untere Ecke leer

Dreieck 8: links 15, rechts 40, obere Ecke 60, rechte Ecke leer, untere Ecke leer

Dreieck 9: links 50, rechts 15, obere Ecke 85, rechte Ecke leer, untere Ecke leer

Reihe 4:

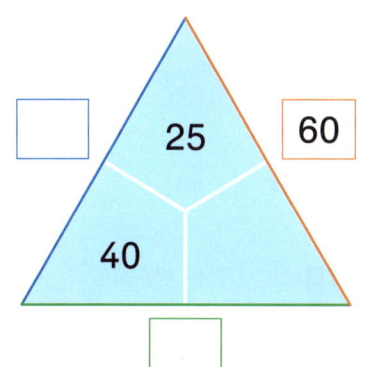

Dreieck 10: oben 25, links 40, obere Ecke leer, rechte Ecke 60, untere Ecke leer

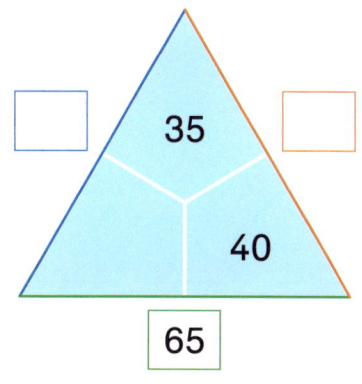

Dreieck 11: oben 35, rechts 40, obere Ecke leer, rechte Ecke leer, untere Ecke 65

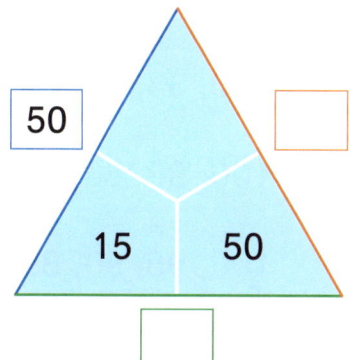

Dreieck 12: oben 50, links 15, rechts 50, obere Ecke leer, rechte Ecke leer, untere Ecke leer

1 Wie geht es weiter?

Regel: immer (+ 2)   +2 +2 +2 +2 +2 +2 +2 +2
2,   4,   6,   8, _____, _____, _____, _____, 18

Regel: immer (+ 3)   20,   23,   26,   29, _____, _____, _____, _____, 44

Regel: immer (− 2)   19,   17,   15,   13, _____, _____, _____, _____, 3

Regel: immer (− 3)   30,   27,   24,   21, _____, _____, _____, _____, 6

2 Wie heißt die Regel?

22, 24, 26, 28, 30   **Regel: immer** (_____)

40, 37, 34, 31, 28   **Regel: immer** (_____)

60, 65, 70, 75, 80   **Regel: immer** (_____)

84, 80, 76, 72, 68   **Regel: immer** (_____)

3 Wie heißt die Regel? Setze die Zahlenfolge fort.

50, 52, 54, 56, _____, _____, _____, _____, 66   **Regel: immer** (_____)

10, 15, 20, 25, _____, _____, _____, _____, 50   **Regel: immer** (_____)

30, 33, 36, 39, _____, _____, _____, _____, 54   **Regel: immer** (_____)

100, 90, 80, 70, _____, _____, _____, _____, 20   **Regel: immer** (_____)

100, 95, 90, 85, _____, _____, _____, _____, 60   **Regel: immer** (_____)

73, 70, 67, 64, _____, _____, _____, _____, 49   **Regel: immer** (_____)

1 Du gewinnst, wenn du 🟦 ziehst.
Aus welchem Säckchen würdest du ziehen? Kreuze an.

a)　　A　　　　　　B

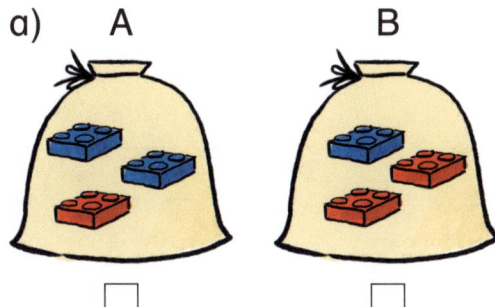

☐　　　　　　☐

b)　　A　　　　　　B

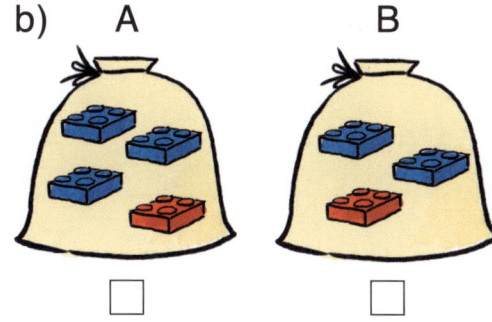

☐　　　　　　☐

c)　　A　　　　　　B

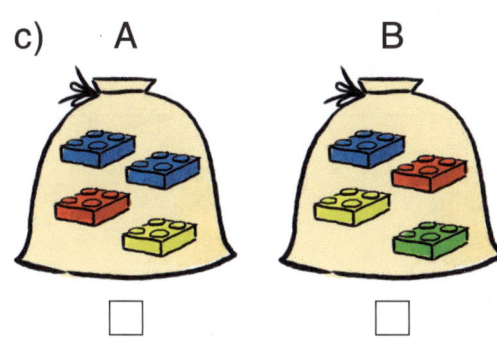

☐　　　　　　☐

d)　　A　　　　　　B

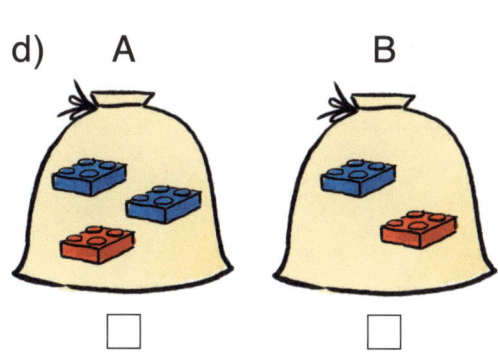

☐　　　　　　☐

2 Trage ein: sicher   möglich   unmöglich

a) Es ist _____, dass ich 🟥 ziehe.

b) Es ist _____, dass ich 🟨 ziehe.

c) Es ist _____, dass ich 🟥 oder 🟦 ziehe.

d) Es ist _____, dass ich 🟦 ziehe.

3 Du gewinnst, wenn du 🟦 ziehst.
Zeichne ein Säckchen, aus dem du
ziehen würdest.

1 Plusaufgaben am Rechenstrich rechnen

75 + 13 = _____

55 + 35 = _____

36 + 29 = _____

45 + 47 = _____

2 Minusaufgaben am Rechenstrich rechnen

67 – 24 = _____

58 – 32 = _____

72 – 35 = _____

44 – 28 = _____

3 Mit 3 Zahlen 4 Aufgaben bilden

| 42 | 70 | 28 |

| 60 | 25 | 35 |

_____ + _____ = _____

_____ + _____ = _____

_____ − _____ = _____

_____ − _____ = _____

_____ + _____ = _____

_____ + _____ = _____

_____ − _____ = _____

_____ − _____ = _____

4 Platzhalteraufgaben lösen

a) 40 + _____ = 70   65 + _____ = 85   30 + _____ = 75

   20 + _____ = 70   45 + _____ = 65   20 + _____ = 55

b) 50 − _____ = 20   60 − _____ = 30   70 − _____ = 40

   85 − _____ = 40   25 − _____ = 10   95 − _____ = 35

5 Entdeckerpäckchen fortsetzen und beschreiben

50 + 10 = _____

52 + 11 = _____

_____ + _____ = _____

_____ + _____ = _____

Die erste Zahl wird um _____ größer.

Die zweite Zahl wird um _____ größer.

Das Ergebnis wird um _____ größer.

6 Zahlenfolgen fortsetzen

32, 34, 36, _____, _____, _____, _____, 46   Regel: immer

65, 60, 55, _____, _____, _____, _____, 30   Regel: immer

1 Lege die Reihen. Schreibe die Plusaufgabe und die Malaufgabe.

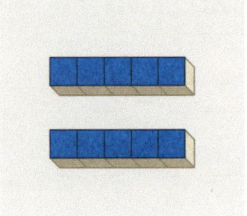

__5__ + __5__

__2__ · ___

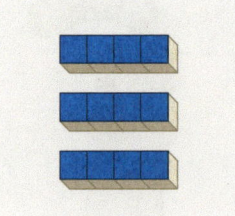

___ + ___ + ___

___ · ___

___ + ___ + ___

___ · ___

___ + ___ + ___ + ___ + ___

___ · ___

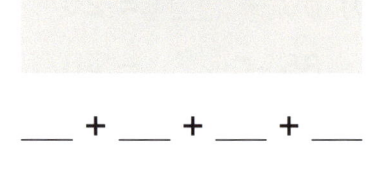

___ + ___ + ___ + ___

___ · ___

2 Male passende Bilder.

2 + 2

2 · 2

3 + 3 + 3 + 3

4 · 3

Kreise ein.

Immer 3 Blumen in eine Vase

$9 : 3 =$

Man braucht ___ Vasen.

Immer 3 Äpfel auf einen Teller

$12 : 3 =$

Man braucht ___ Teller.

Immer 5 Muffins auf einen Teller

$15 : 5 =$

Man braucht ___ Teller.

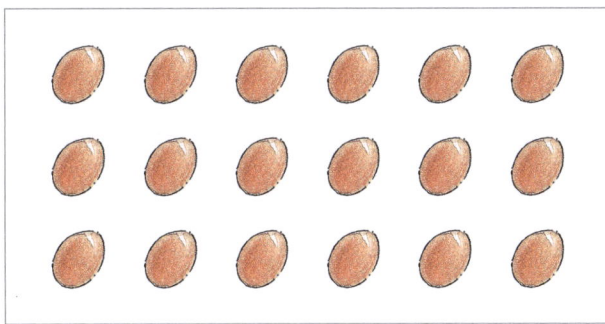

Immer 6 Eier in einen Karton

$18 :$

Man braucht ___ Kartons.

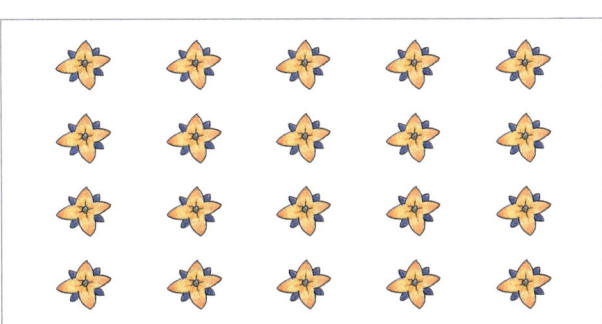

Immer 5 Blumen in eine Vase

$20 :$

Man braucht ___ Vasen.

Schreibe die Plusaufgabe und die Malaufgabe.

Wie oft? 2   2 + 2   2 + 2 + 2

__1__ · 2   ___ · 2   ___ · 2

____3____   ___ + ___   ___ + ___ + ___

Was?

1 · __3__   2 · ___   3 · ___

___   ___ + ___   ___ + ___ + ___

___ · ___   ___ · ___   ___ · ___

___   ___ + ___   ___ + ___ + ___

___ · ___   ___ · ___   ___ · ___

1 Verteile 12 Luftballons an 3 Kinder.

1 2 : 3 =

Jedes Kind bekommt ___ Luftballons.

2 Verteile 10 Luftballons an 2 Kinder.

1 0 : 2 =

Jedes Kind bekommt ___ Luftballons.

3 Verteile 15 Luftballons an 5 Kinder.

1 5 :

Jedes Kind bekommt ___ Luftballons.

4 Verteile 16 Luftballons an 4 Kinder.

1 6 :

Jedes Kind bekommt ___ Luftballons.

1

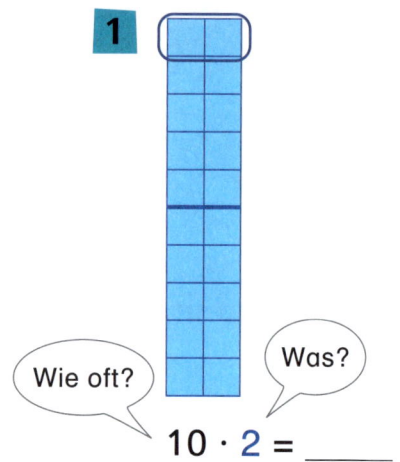
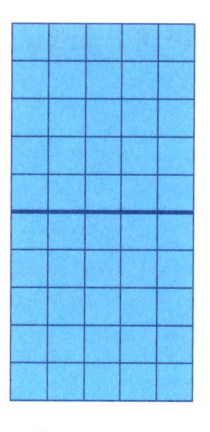
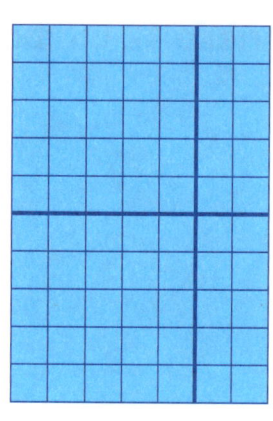

Wie oft? · Was?

10 · 2 = _____   10 · 5 = _____   10 · 7 = _____

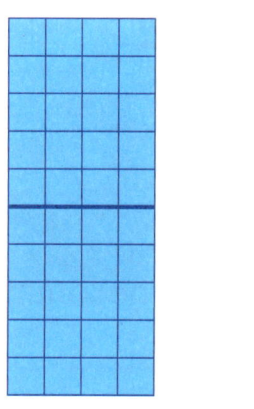
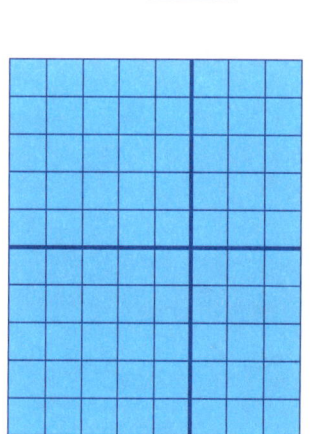
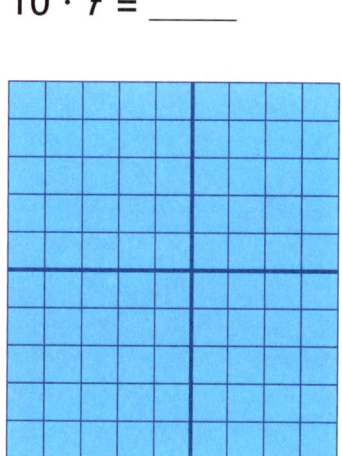

10 · ___ = _____   10 · ___ = _____   10 · ___ = _____

2

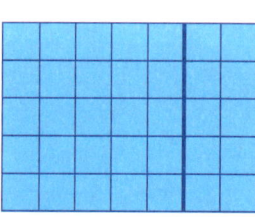
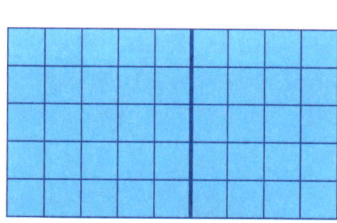

5 · 4 = _____   5 · 7 = _____   5 · 9 = _____

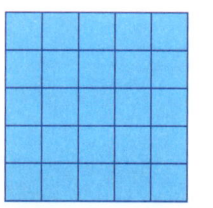
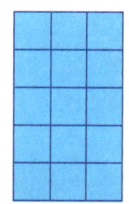

5 · ___ = _____   5 · ___ = _____   5 · ___ = _____

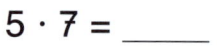
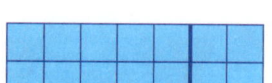
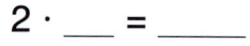

2 · ___ = _____   2 · ___ = _____   2 · ___ = _____

3 Kreise immer 10 Finger ein. Wie viele Finger sind es?

$1 \cdot 10 = \underline{\hspace{1cm}}$

$2 \cdot 10 = \underline{\hspace{1cm}}$

$3 \cdot 10 = \underline{\hspace{1cm}}$

$4 \cdot 10 = \underline{\hspace{1cm}}$

$5 \cdot 10 = \underline{\hspace{1cm}}$

$6 \cdot 10 = \underline{\hspace{1cm}}$

$7 \cdot 10 = \underline{\hspace{1cm}}$

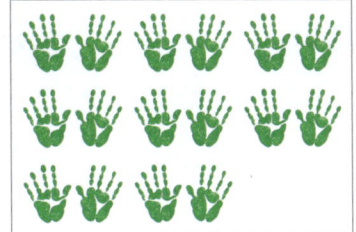

$8 \cdot 10 = \underline{\hspace{1cm}}$

$9 \cdot 10 = \underline{\hspace{1cm}}$

 4 Kreise immer 5 Finger ein. Wie viele Finger sind es?

$4 \cdot 5 = \underline{\hspace{1cm}}$

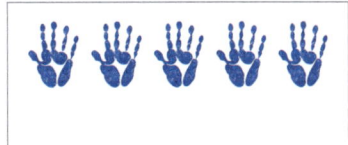

$5 \cdot 5 = \underline{\hspace{1cm}}$

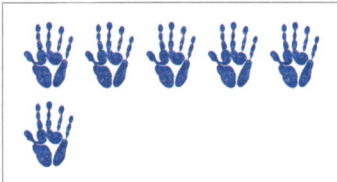

$6 \cdot 5 = \underline{\hspace{1cm}}$

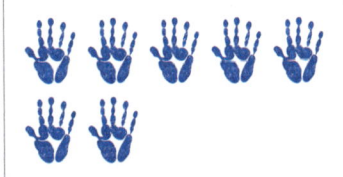

$7 \cdot 5 = \underline{\hspace{1cm}}$

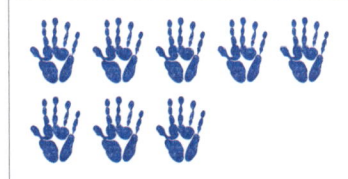

$8 \cdot 5 = \underline{\hspace{1cm}}$

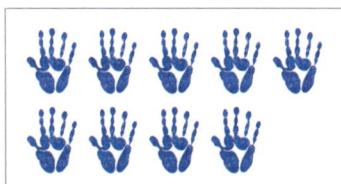

$9 \cdot 5 = \underline{\hspace{1cm}}$

Kreise ein.

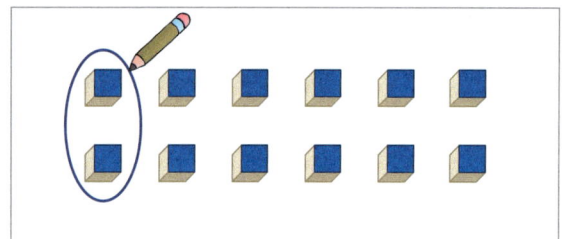

12 : 2 = _____

___ · 2 = _____

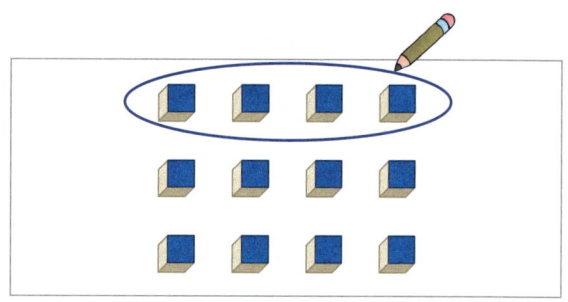

12 : 4 = _____

___ · 4 = _____

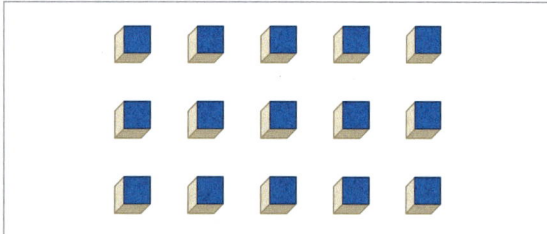

15 : 5 = _____

___ · 5 = _____

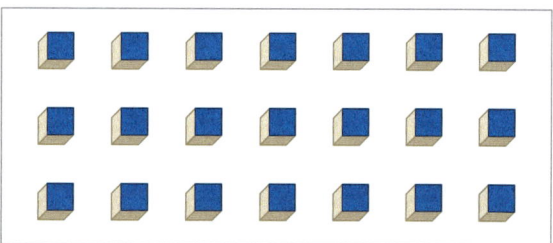

21 : 3 = _____

___ · 3 = _____

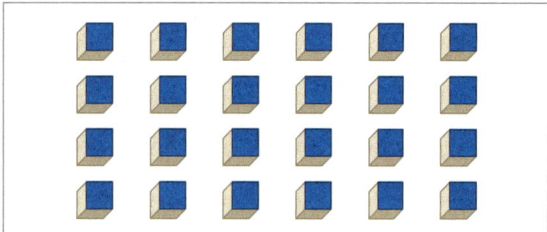

24 : 4 = _____

___ · 4 = _____

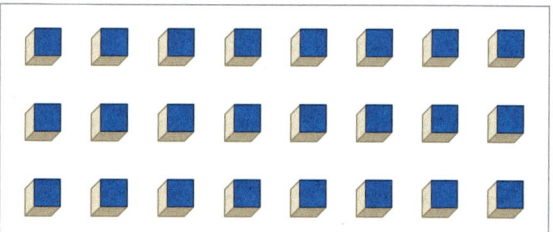

24 : 3 = _____

___ · 3 = _____

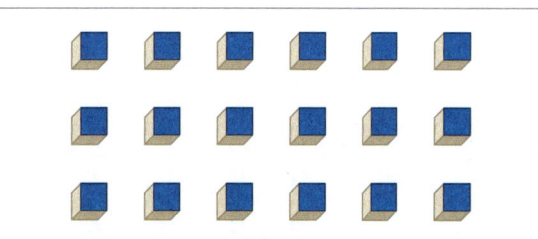

18 : 3 = _____

___ · 3 = _____

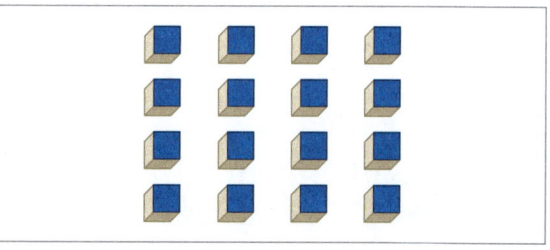

16 : 4 = _____

___ · 4 = _____

| 2 | 8 | 16 |

| 2 | · | 8 | = | *16* |

| 8 | · | 2 | = | |

| 16 | : | 8 | = | |

| 16 | : | 2 | = | |

| 5 | 3 | 15 |

| 5 | · | 3 | = | |

| 3 | · | 5 | = | |

| 15 | : | 3 | = | |

| 15 | : | 5 | = | |

| 10 | 40 | 4 |

| 10 | · | 4 | = | |

| 4 | · | 10 | = | |

| 40 | : | 4 | = | |

| 40 | : | 10 | = | |

| 5 | 7 | 35 |

| | · | | = | *35* |

| | · | | = | *35* |

| *35* | : | | = | |

| *35* | : | | = | |

| 8 | 5 | 40 |

| | · | | = | *40* |

| | · | | = | *40* |

| *40* | : | | = | |

| *40* | : | | = | |

| 2 | 14 | 7 |

| | · | | = | *14* |

| | · | | = | *14* |

| *14* | : | | = | |

| *14* | : | | = | |

| 6 | 10 | 60 |

| | · | | = | |

| | · | | = | |

| | : | | = | |

| | : | | = | |

| 6 | 2 | 12 |

| | · | | = | |

| | · | | = | |

| | : | | = | |

| | : | | = | |

| 5 | 45 | 9 |

| | · | | = | |

| | · | | = | |

| | : | | = | |

| | : | | = | |

1 Setze das Muster fort.

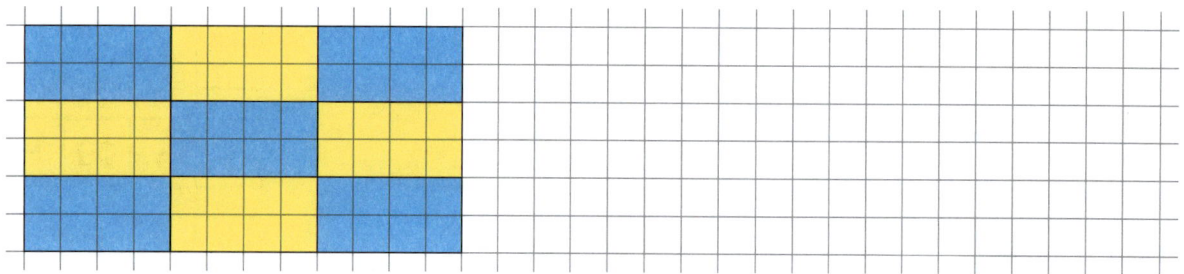

2 Setze das Muster fort.

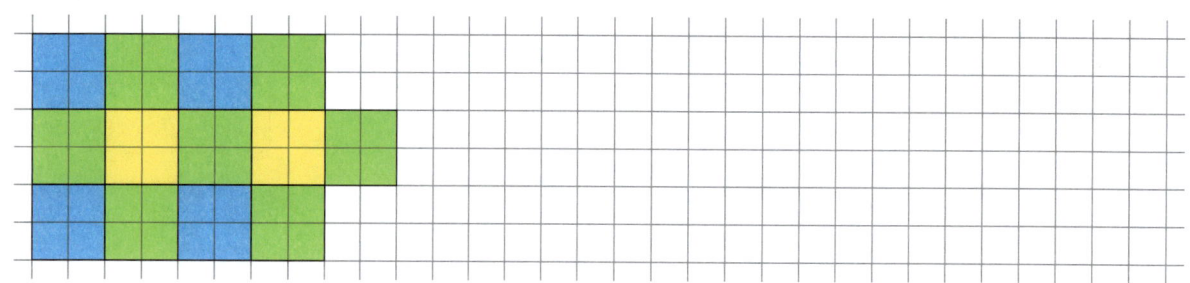

3 Setze das Muster fort.

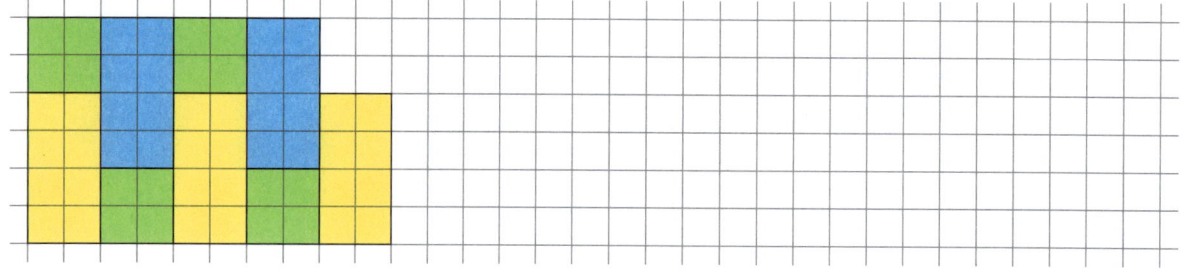

4 Setze das Muster fort.

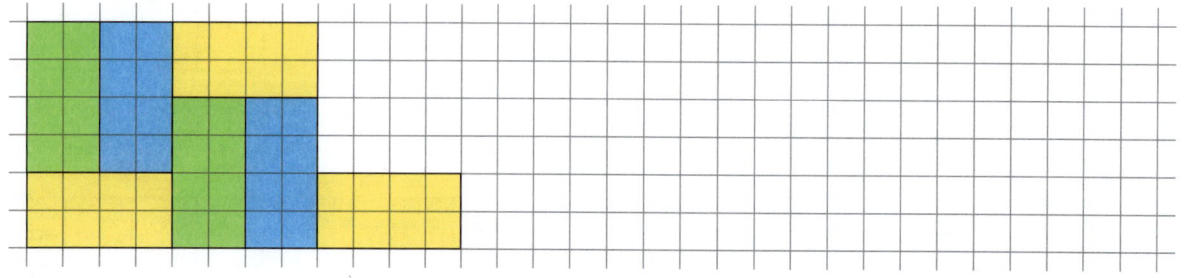

Faltschnitte

1 Welcher Faltschnitt gehört zu welcher Figur? Verbinde.

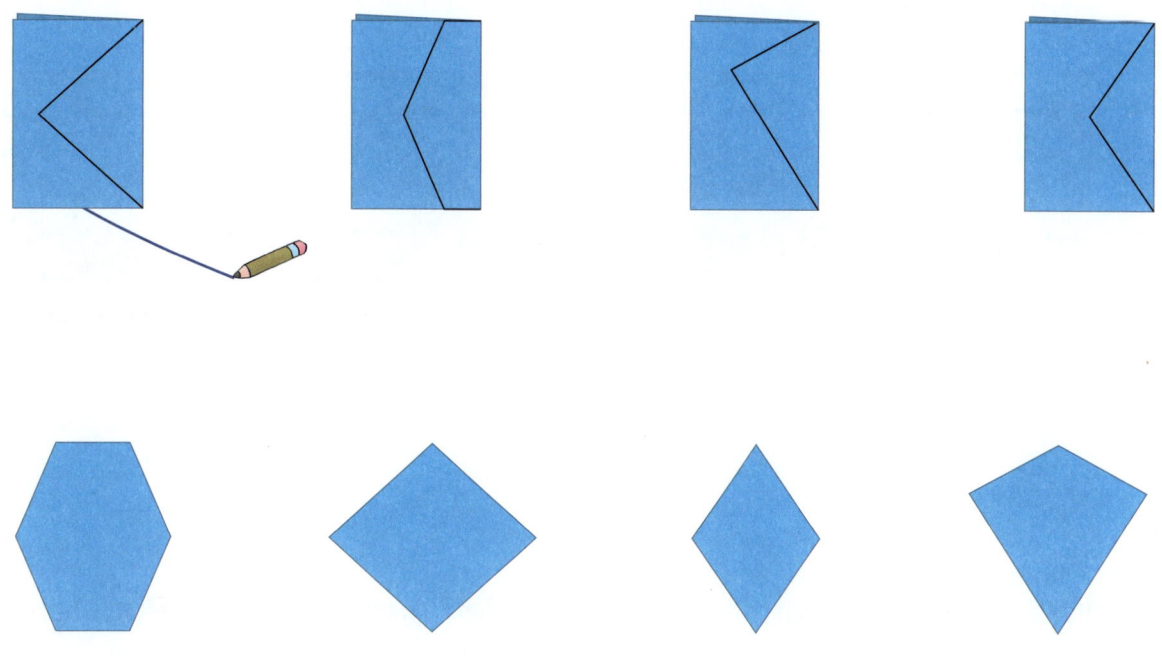

2 Welche Figuren entstehen durch einen Faltschnitt? Kreuze an.

3 Welche Figur entsteht durch den Faltschnitt? Zeichne.

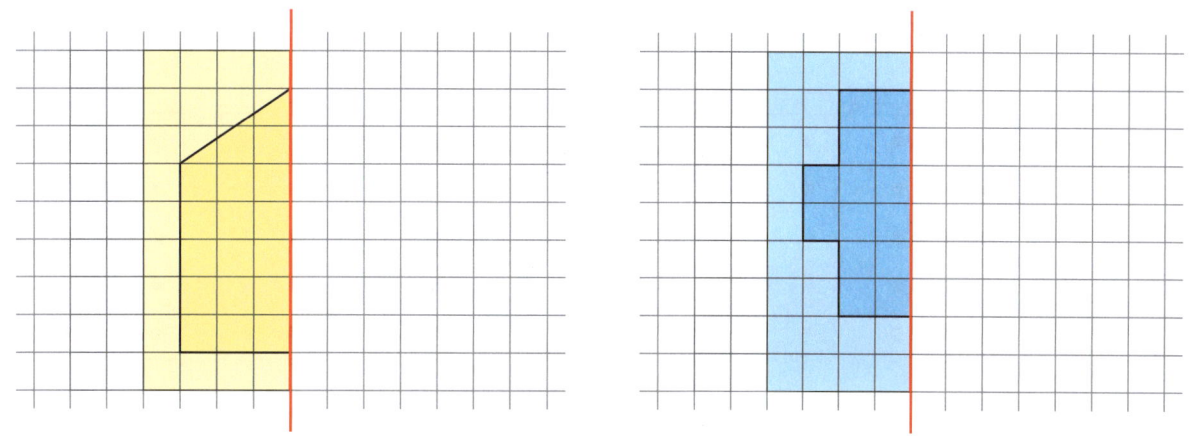

1 Wie heißen die Formen? Notiere. Dreieck Quadrat Rechteck
Spanne nach.

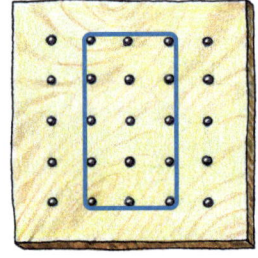 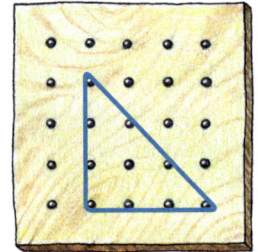 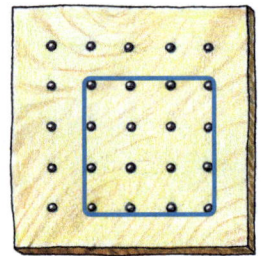 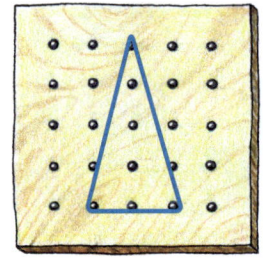

_____   _____   _____   _____

2 Wie heißen die Formen? Zeichne die Formen auf das Punktefeld.

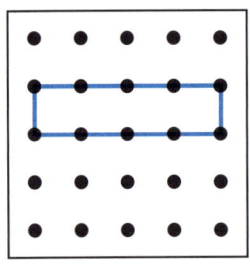 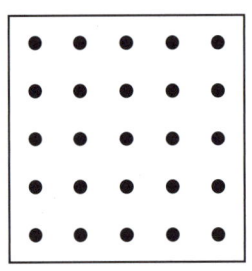   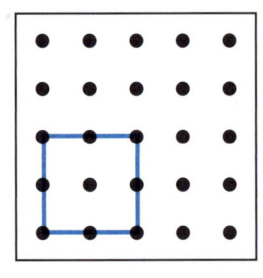 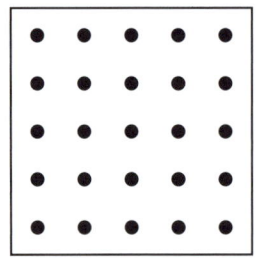

_____   _____

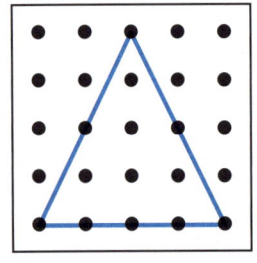 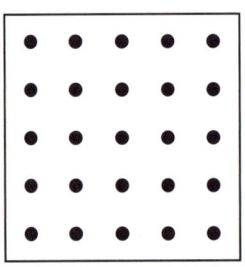   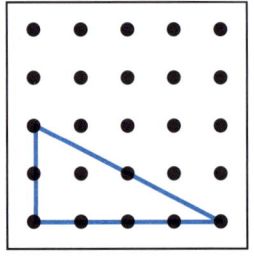 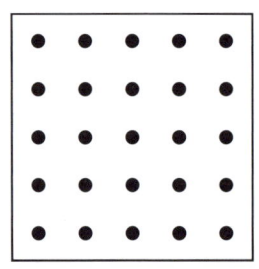

_____   _____

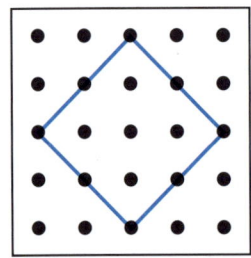 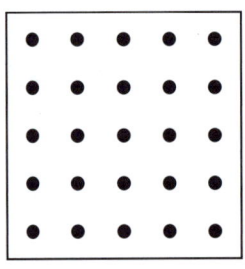   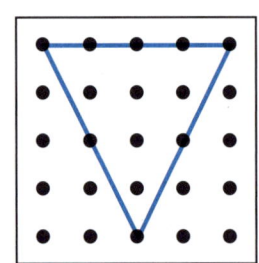 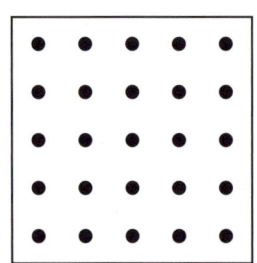

_____   _____

1 Ergänze die Figuren achsensymmetrisch.

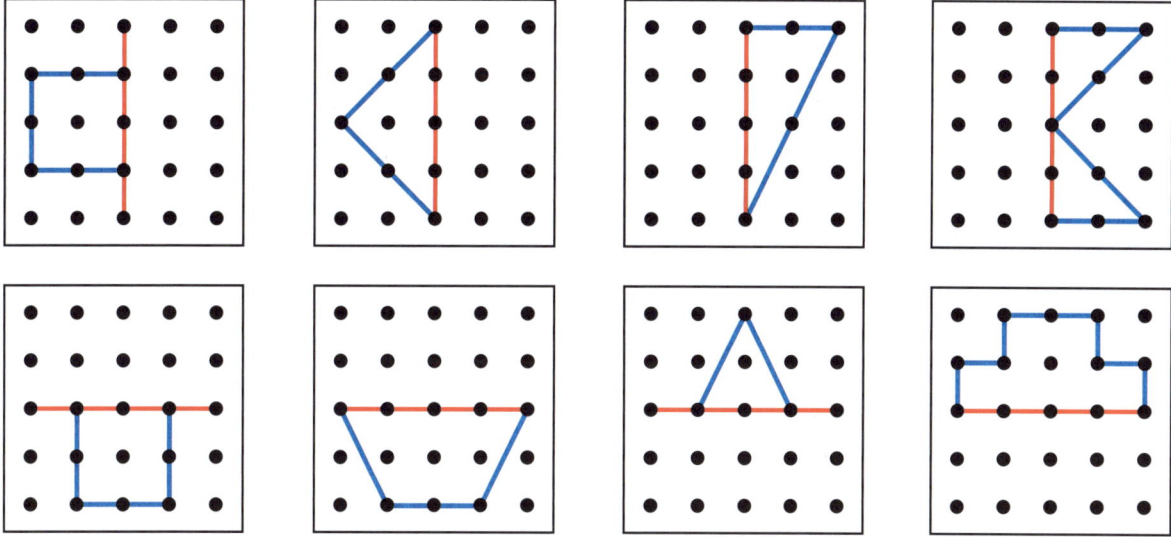

 2 Ist die Figur achsensymmetrisch? Kreuze an.

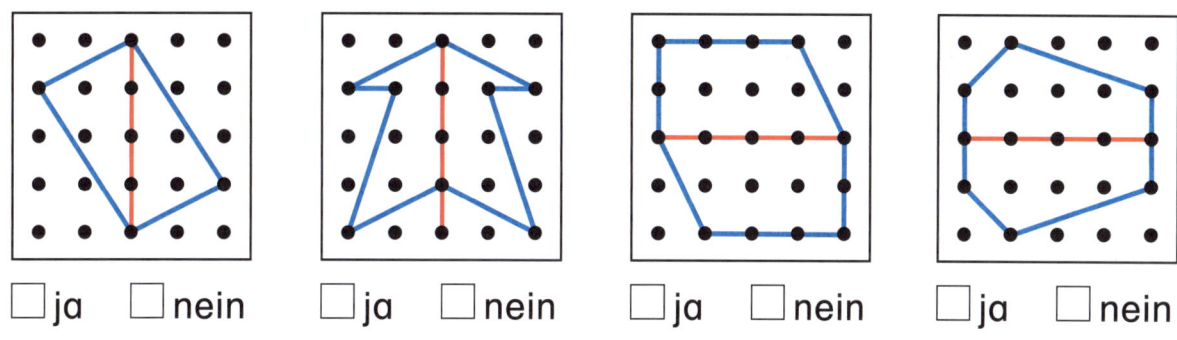

☐ ja ☐ nein   ☐ ja ☐ nein   ☐ ja ☐ nein   ☐ ja ☐ nein

 3 Spanne nach. Verändere die Figuren so, dass sie
achsensymmetrisch sind. Zeichne deine Lösung auf.

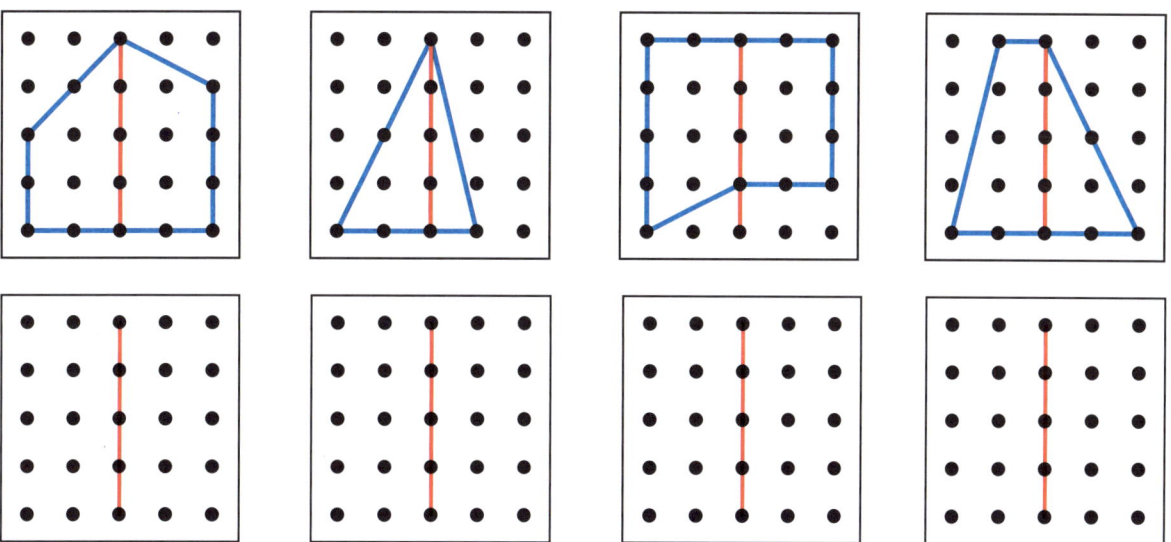

1 Zu Malgeschichten die Plusaufgaben und die Malaufgaben schreiben

___ + ___ = ___   ___ + ___ + ___ = ___

__1__ · __3__ = ___   ___ · ___ = ___   ___ · ___ = ___

2 Geteiltaufgaben lösen

 a) Teile auf: Immer 5 Blumen in eine Vase.

$15 : 5 =$

Man braucht ___ Vasen.

b) Verteile 20 Blumen an 5 Kinder.

$20 : 5 =$

Jedes Kind bekommt ___ Blumen.

3 Kernaufgaben lösen

2 · 5 = ____	2 · 2 = ____	2 · 10 = ____
10 · 5 = ____	10 · 2 = ____	10 · 10 = ____
1 · 5 = ____	1 · 2 = ____	1 · 10 = ____
5 · 5 = ____	5 · 2 = ____	5 · 10 = ____

4 Mit 3 Zahlen 4 Aufgaben bilden

| 2 | 6 | 12 | | 5 | 35 | 7 |

_____ · _____ = _____   _____ · _____ = _____

_____ · _____ = _____   _____ · _____ = _____

_____ : _____ = _____   _____ : _____ = _____

_____ : _____ = _____   _____ : _____ = _____

5 Faltschnitte erkennen

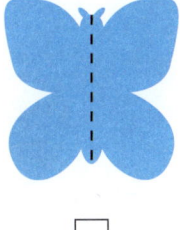   

☐   ☐   ☐   ☐

6 Geometrische Formen benennen

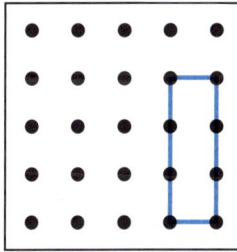 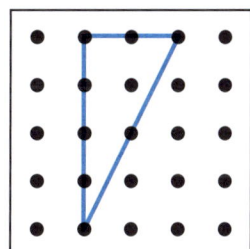 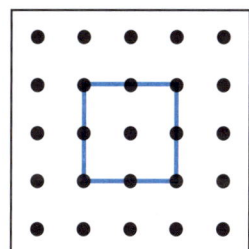 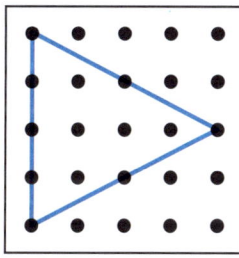

7 Figuren achsensymmetrisch ergänzen

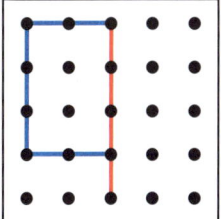 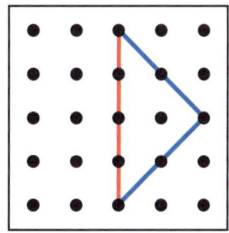 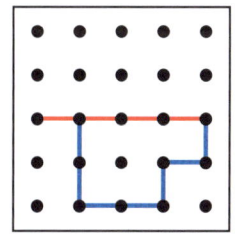 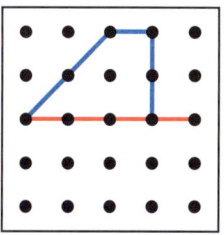

1 Miss genau.

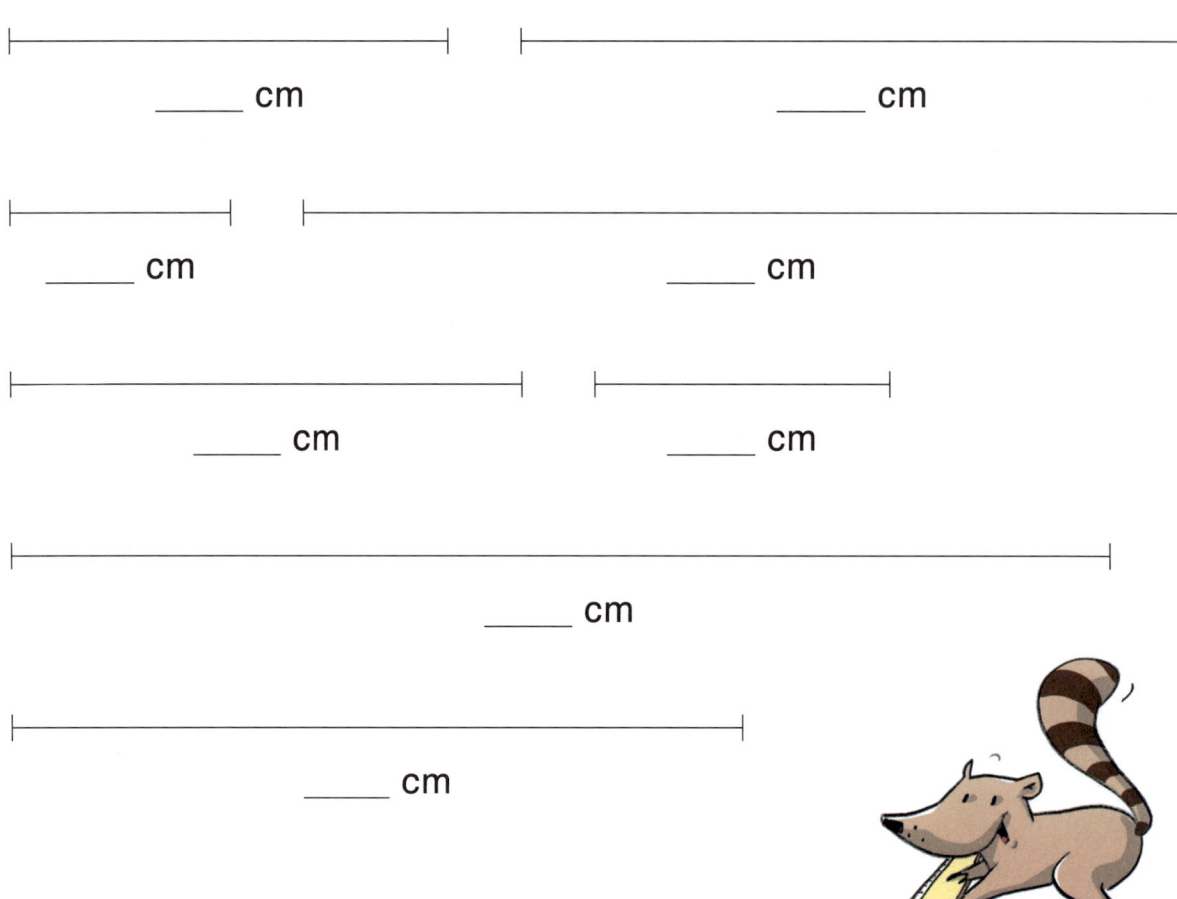

_____ cm

_____ cm

_____ cm

_____ cm

_____ cm

_____ cm

_____ cm

_____ cm

2 Zeichne mit dem Lineal.

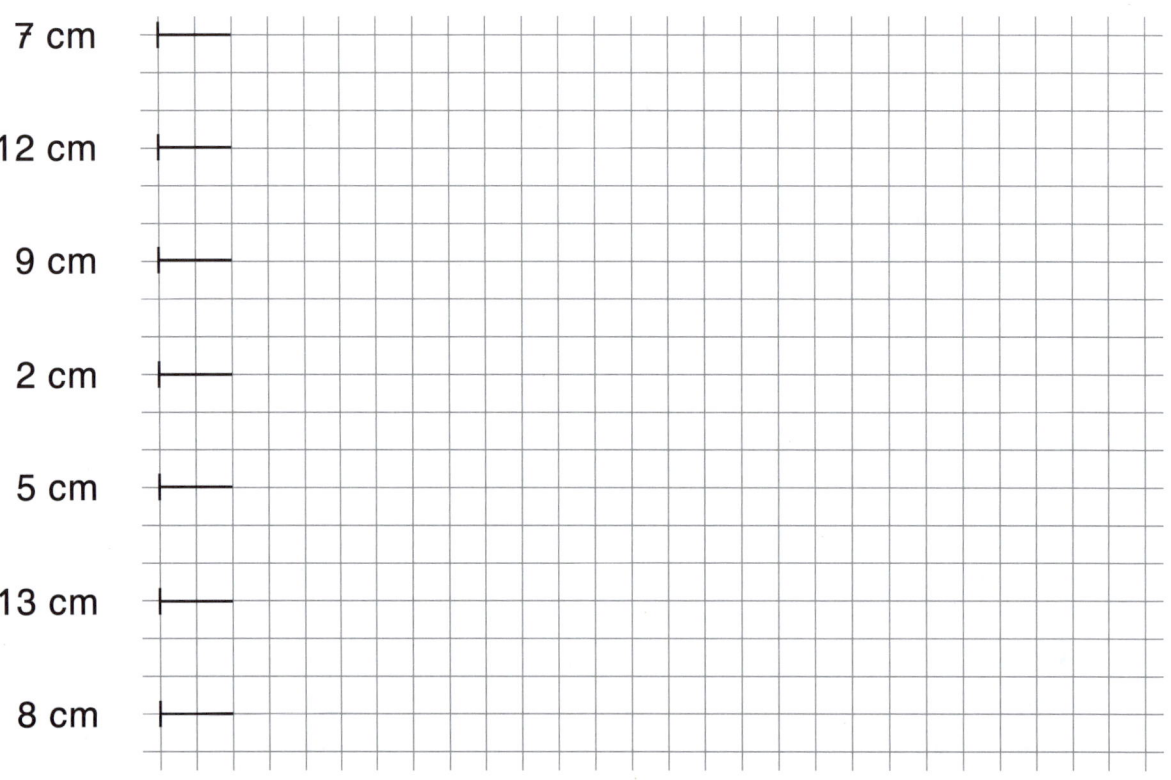

7 cm

12 cm

9 cm

2 cm

5 cm

13 cm

8 cm

✏️ Wie groß sind die Dinge ungefähr in Wirklichkeit?

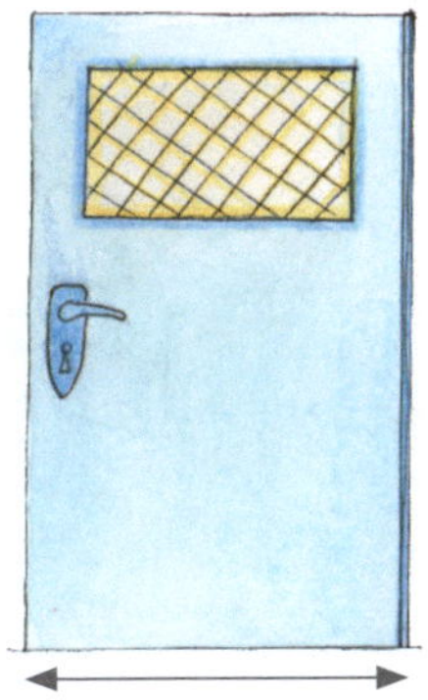

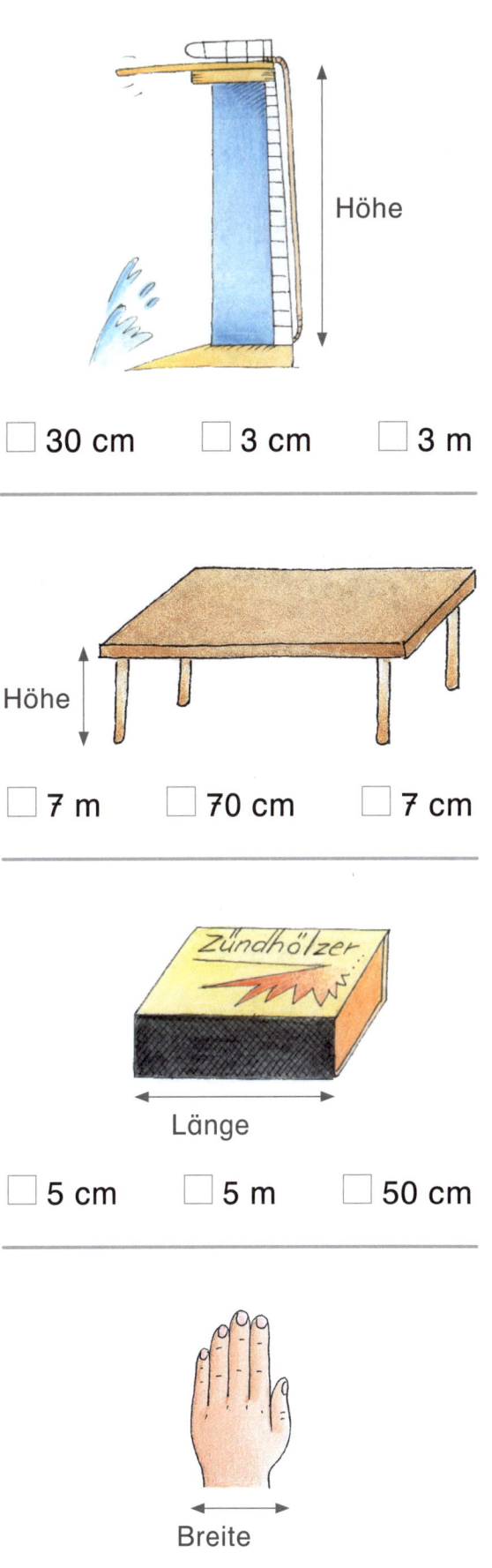

Breite

☐ 9 m   ☐ 9 cm   ☐ 90 cm

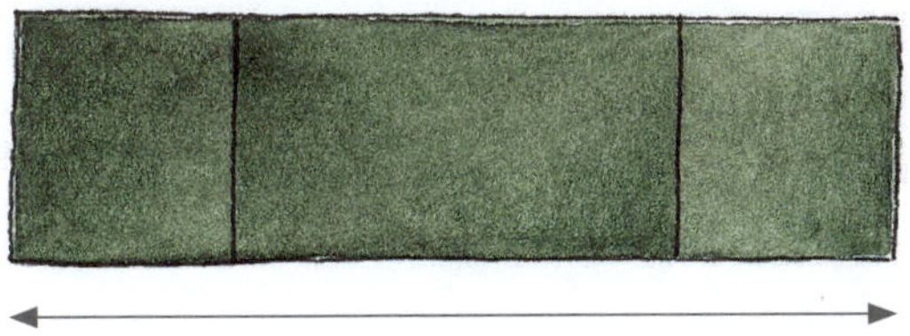

Höhe

☐ 30 cm   ☐ 3 cm   ☐ 3 m

Breite

☐ 4 cm   ☐ 40 cm   ☐ 4 m

Höhe

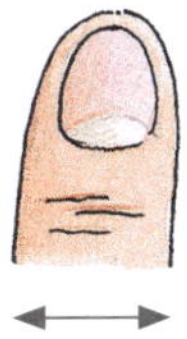

☐ 7 m   ☐ 70 cm   ☐ 7 cm

Breite

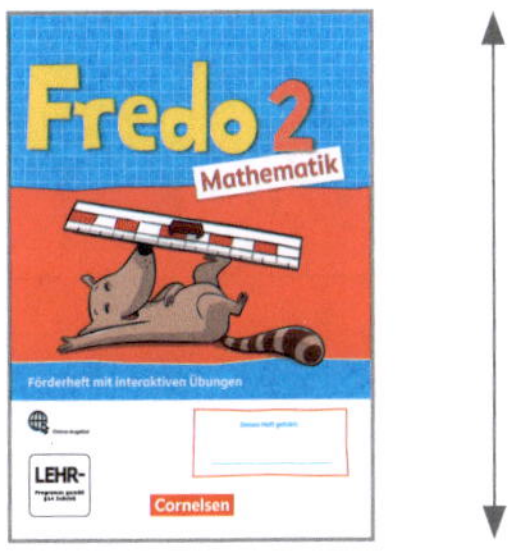

☐ 1 m   ☐ 1 cm   ☐ 10 cm

Länge

☐ 5 cm   ☐ 5 m   ☐ 50 cm

Länge

☐ 3 crm   ☐ 30 cm   ☐ 3 m

Breite

☐ 10 m   ☐ 10 cm   ☐ 1 m

1 Rechne die Kernaufgaben.

1 · 7 = _____	1 · 8 = _____	1 · 3 = _____
2 · 7 = _____	2 · 8 = _____	2 · 3 = _____
5 · 7 = _____	5 · 8 = _____	5 · 3 = _____
10 · 7 = _____	10 · 8 = _____	10 · 3 = _____

2 Rechne mithilfe der Kernaufgaben.

3 · 7 = _____

(+) 2 · 7 = _14_

1 · 7 = _7_

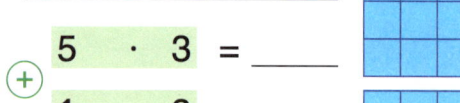

_14_ + _7_ = _____

3 · 3 = _____

(+) 2 · 3 = _____

1 · 3 = _____

_____ + ___ = _____

6 · 3 = _____

(+) 5 · 3 = _____

1 · 3 = _____

_____ + ___ = _____

6 · 8 = _____

(+) 5 · 8 = _____

1 · 8 = _____

_____ + ___ = _____

9 · 8 = _____

(−) 10 · 8 = _____

1 · 8 = _____

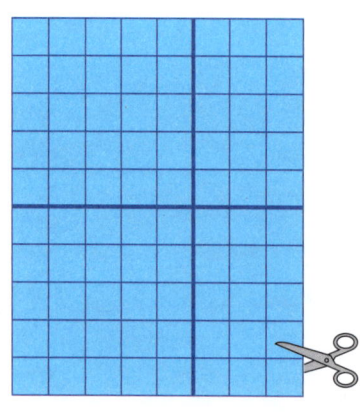

_____ − ___ = _____

9 · 7 = _____

(−) 10 · 7 = _____

1 · 7 = _____

_____ − ___ = _____

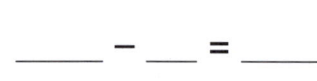

62

1 Rechne die Kernaufgaben.

1 · 6 = _____	1 · 9 = _____	1 · 4 = _____
2 · 6 = _____	2 · 9 = _____	2 · 4 = _____
5 · 6 = _____	5 · 9 = _____	5 · 4 = _____
10 · 6 = _____	10 · 9 = _____	10 · 4 = _____

2 Rechne mithilfe der Kernaufgaben.

4 · 4 = _____

2 · 4 = _____
(+)
2 · 4 = _____

_____ + _____ = _____

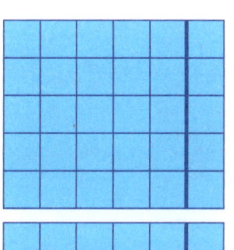

4 · 6 = _____

2 · 6 = _____
(+)
2 · 6 = _____

_____ + _____ = _____

---

7 · 6 = _____

5 · 6 = _____
(+)
2 · 6 = _____

_____ + _____ = _____

7 · 9 = _____

5 · 9 = _____
(+)
2 · 9 = _____

_____ + _____ = _____

---

8 · 4 = _____

5 · 4 = _____
(+)
2 · 4 = _____
(+)
1 · 4 = _____

_____ + _____ + ___ = _____

8 · 6 = _____

5 · 6 = _____
(+)
2 · 6 = _____
(+)
1 · 6 = _____

_____ + _____ + ___ = _____

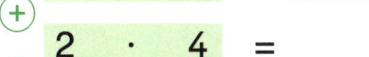

1 Rechne die Kernaufgaben.

$2 \cdot 4 =$ _____ $1 \cdot 4 =$ _____ $5 \cdot 4 =$ _____

$1 \cdot 8 =$ _____ $10 \cdot 8 =$ _____ $2 \cdot 8 =$ _____

$5 \cdot 2 =$ _____ $1 \cdot 2 =$ _____ $5 \cdot 8 =$ _____

$10 \cdot 4 =$ _____ $10 \cdot 2 =$ _____ $2 \cdot 2 =$ _____

2 Rechne mithilfe der Kernaufgaben.

$3 \cdot 4 =$ _____

$2 \cdot 4 = 8$

(+) $1 \cdot 4 = 4$

$8 + 4 =$ _____

$3 \cdot 8 =$ _____

$2 \cdot 8 =$ _____

(+) $1 \cdot 8 =$ _____

_____ $+$ _____ $=$ _____

$7 \cdot 4 =$ _____

$5 \cdot 4 =$ _____

(+) $2 \cdot 4 =$ _____

_____ $+$ _____ $=$ _____

$7 \cdot 8 =$ _____

$5 \cdot 8 =$ _____

(+) $2 \cdot 8 =$ _____

_____ $+$ _____ $=$ _____

$9 \cdot 4 =$ _____

$10 \cdot 4 =$ _____

(−) $1 \cdot 4 =$ _____

_____ $-$ _____ $=$ _____

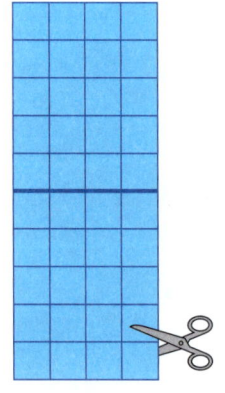

$9 \cdot 8 =$ _____

$10 \cdot 8 =$ _____

(−) $1 \cdot 8 =$ _____

_____ $-$ _____ $=$ _____

1 Rechne die Kernaufgaben.

$1 \cdot 7 =$ _____ $2 \cdot 6 =$ _____ $1 \cdot 9 =$ _____ $1 \cdot 6 =$ _____

$5 \cdot 6 =$ _____ $10 \cdot 9 =$ _____ $10 \cdot 7 =$ _____ $5 \cdot 9 =$ _____

$2 \cdot 3 =$ _____ $2 \cdot 9 =$ _____ $5 \cdot 3 =$ _____ $5 \cdot 7 =$ _____

$10 \cdot 3 =$ _____ $2 \cdot 7 =$ _____ $10 \cdot 6 =$ _____ $1 \cdot 3 =$ _____

2 Rechne mithilfe der Kernaufgaben.

$4 \cdot 9 =$ _____

$5 \cdot 9 = \underline{45}$

$(-)$ $1 \cdot 9 = \underline{9}$

$\underline{45} - \underline{9} =$ _____

$4 \cdot 6 =$ _____

$5 \cdot 6 =$ _____

$(-)$ $1 \cdot 6 =$ _____

_____ $-$ __ $=$ _____

$4 \cdot 7 =$ _____

$2 \cdot 7 =$ _____

$(+)$ $2 \cdot 7 =$ _____

_____ $+$ _____ $=$ _____

$4 \cdot 3 =$ _____

$2 \cdot 3 =$ _____

$(+)$ $2 \cdot 3 =$ _____

_____ $+$ _____ $=$ _____

$6 \cdot 7 =$ _____

$5 \cdot 7 =$ _____

$(+)$ $1 \cdot 7 =$ _____

_____ $+$ _____ $=$ _____

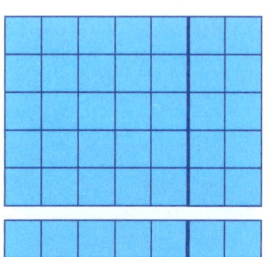

$6 \cdot 9 =$ _____

$5 \cdot 9 =$ _____

$(+)$ $1 \cdot 9 =$ _____

_____ $+$ _____ $=$ _____

1 Rechne die Kernaufgaben.

1 · 6 = ____	2 · 4 = ____	5 · 4 = ____	10 · 7 = ____
1 · 4 = ____	2 · 6 = ____	5 · 7 = ____	10 · 6 = ____
1 · 5 = ____	2 · 8 = ____	5 · 3 = ____	10 · 8 = ____
1 · 9 = ____	2 · 3 = ____	5 · 8 = ____	10 · 4 = ____
1 · 7 = ____	2 · 9 = ____	5 · 9 = ____	10 · 3 = ____
1 · 8 = ____	2 · 7 = ____	5 · 6 = ____	10 · 9 = ____

2 1 · 1 = ____   2 · 2 = ____   5 · 5 = ____   10 · 10 = ____

3 Rechne mithilfe der Kernaufgaben.

3 · 3 = ____

+ 2 · 3 = _6_
  1 · 3 = _3_

_6_ + _3_ = ____

7 · 7 = ____

+ 5 · 7 = ____
  2 · 7 = ____

____ + ____ = ____

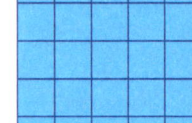

4 · 4 = ____

+ 2 · 4 = ____
  2 · 4 = ____

____ + __ = ____

8 · 8 = ____

+ 5 · 8 = ____
+ 2 · 8 = ____
  1 · 8 = ____

____ + ____ + __ = ____

9 · 9 = ____

− 10 · 9 = ____
   1 · 9 = ____

____ − __ = ____

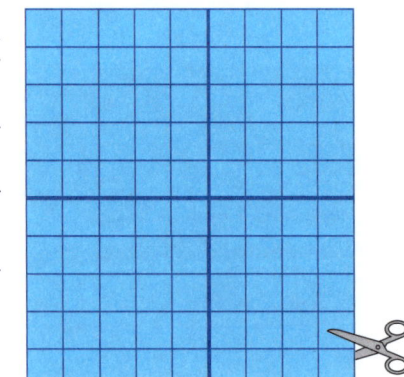

6 · 6 = ____

+ 5 · 6 = ____
  1 · 6 = ____

____ + __ = ____

4 Rechne die Kernaufgaben.

1 · 2 = _____	1 · 5 = _____	1 · 10 = _____
2 · 2 = _____	2 · 5 = _____	2 · 10 = _____
5 · 2 = _____	5 · 5 = _____	5 · 10 = _____
10 · 2 = _____	10 · 5 = _____	10 · 10 = _____

1 · 3 = _____	1 · 4 = _____	1 · 6 = _____
2 · 3 = _____	2 · 4 = _____	2 · 6 = _____
5 · 3 = _____	5 · 4 = _____	5 · 6 = _____
10 · 3 = _____	10 · 4 = _____	10 · 6 = _____

1 · 7 = _____	1 · 8 = _____	1 · 9 = _____
2 · 7 = _____	2 · 8 = _____	2 · 9 = _____
5 · 7 = _____	5 · 8 = _____	5 · 9 = _____
10 · 7 = _____	10 · 8 = _____	10 · 9 = _____

5 Das Einmaleins mit 2, 5 und 10: Rechne.

2 · 5 = _____	2 · 2 = _____	2 · 10 = _____
10 · 5 = _____	10 · 2 = _____	10 · 10 = _____
1 · 5 = _____	1 · 2 = _____	1 · 10 = _____
5 · 5 = _____	5 · 2 = _____	5 · 10 = _____

3 · 5 = _____	3 · 2 = _____	3 · 10 = _____
6 · 5 = _____	6 · 2 = _____	6 · 10 = _____

4 · 5 = _____	4 · 2 = _____	4 · 10 = _____
8 · 5 = _____	8 · 2 = _____	8 · 10 = _____
9 · 5 = _____	9 · 2 = _____	9 · 10 = _____

1 Fips legt aus bunten Steinen eine Musterschlange.
Er legt immer abwechselnd 3 rote und 2 blaue Steine.
Welche Farbe hat der 12. Stein?

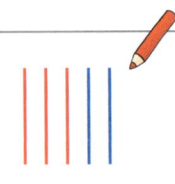

Der 12. Stein ist

2 Frida bastelt eine Blütenkette.
Sie nimmt immer abwechselnd 4 gelbe und 2 blaue Blüten.
Welche Farbe hat die 17. Blüte?

Die 17. Blüte ist

3 Fredo legt eine Kokosnusspyramide.
In der untersten Reihe liegen 5 Kokosnüsse.
Für die Reihe darüber braucht er eine Kokosnuss weniger.
So geht es in jeder Reihe weiter,
bis oben nur noch 1 Kokosnuss liegt.
Wie viele Kokosnüsse braucht Fredo
insgesamt?

Fredo braucht

1 Lege und rechne. Die erste Aufgabe hilft.

15 : 5 = ___
16 : 5 = ___ R ___

10 : 5 = _2_
Zwei 5er-Reihen, kein Rest.

20 : 10 = ___
21 : 10 = ___ R ___

11 : 5 = _2_ R _1_
Zwei 5er-Reihen, Rest 1.

50 : 10 = ___	12 : 2 = ___	30 : 5 = ___
51 : 10 = ___ R ___	13 : 2 = ___ R ___	31 : 5 = ___ R ___

35 : 5 = ___	70 : 10 = ___	40 : 5 = ___
36 : 5 = ___ R ___	71 : 10 = ___ R ___	41 : 5 = ___ R ___

18 : 2 = ___	45 : 5 = ___	90 : 10 = ___
19 : 2 = ___ R ___	46 : 5 = ___ R ___	91 : 10 = ___ R ___

 2 Lege und rechne.

15 : 3 = _5_	30 : 10 = ___	20 : 4 = ___
16 : 3 = _5_ R _1_	31 : 10 = ___ R ___	21 : 4 = ___ R ___
17 : 3 = _5_ R _2_	32 : 10 = ___ R ___	22 : 4 = ___ R ___

30 : 5 = ___	40 : 8 = ___	35 : 7 = ___
31 : 5 = ___ R ___	41 : 8 = ___ R ___	36 : 7 = ___ R ___
32 : 5 = ___ R ___	42 : 8 = ___ R ___	37 : 7 = ___ R ___
33 : 5 = ___ R ___	43 : 8 = ___ R ___	38 : 7 = ___ R ___

45 : 9 = ___	12 : 6 = ___	8 : 4 = ___
46 : 9 = ___ R ___	13 : 6 = ___ R ___	9 : 4 = ___ R ___
47 : 9 = ___ R ___	14 : 6 = ___ R ___	10 : 4 = ___ R ___
48 : 9 = ___ R ___	15 : 6 = ___ R ___	11 : 4 = ___ R ___

1 Rechne.

10 : 2 = _____   30 : 5 = _____   35 : 5 = _____

40 : 10 = _____   60 : 10 = _____   12 : 2 = _____

14 : 2 = _____   18 : 2 = _____   45 : 5 = _____

20 : 5 = _____   15 : 5 = _____   6 : 1 = _____

7 : 1 = _____   90 : 10 = _____   16 : 2 = _____

100 : 10 = _____   9 : 1 = _____   6 : 2 = _____

10 : 5 = _____   25 : 5 = _____   40 : 5 = _____

30 : 10 = _____   70 : 10 = _____   14 : 2 = _____

8 : 2 = _____   10 : 10 = _____   80 : 10 = _____

20 : 2 = _____   40 : 5 = _____   60 : 10 = _____

2 Rechne. Bilde auch die Umkehraufgabe.

50 : 10 = _____
___ · 10 = _____

9 : 1 = _____
___ · 1 = _____

35 : 5 = _____
___ · 5 = _____

14 : 2 = _____
___ · 2 = _____

60 : 10 = _____
___ · 10 = _____

40 : 5 = _____
___ · 5 = _____

15 : 5 = _____
___ · 5 = _____

16 : 2 = _____
___ · 2 = _____

80 : 10 = _____
___ · 10 = _____

Der Kalender

 1 Im Kalender sind 4 Tage orange markiert.
Verbinde Datum und Wochentag.

21.6. — Donnerstag

31.7. — Samstag

4.8. — Sonntag

30.9. — Dienstag

 2 Markiere folgende Tage im Kalender.

14.7. ✏️   10.9. ✏️   21.8. ✏️   30.6. ✏️

3 Schreibe das richtige Datum auf.

12.
September

Schau nach!

heute: _12.9._

morgen: _____

übermorgen: _____

gestern: _____

vorgestern: _____

in einer Woche: _____

vor einer Woche: _____

Juni

Mo	Di	Mi	Do	Fr	Sa	So
				1	2	3
4	5	6	7	8	9	10
11	12	13	14	15	16	17
18	19	20	21	22	23	24
25	26	27	28	29	30	

Juli

Mo	Di	Mi	Do	Fr	Sa	So
						1
2	3	4	5	6	7	8
9	10	11	12	13	14	15
16	17	18	19	20	21	22
23	24	25	26	27	28	29
30	31					

August

Mo	Di	Mi	Do	Fr	Sa	So
		1	2	3	4	5
6	7	8	9	10	11	12
13	14	15	16	17	18	19
20	21	22	23	24	25	26
27	28	29	30	31		

September

Mo	Di	Mi	Do	Fr	Sa	So
					1	2
3	4	5	6	7	8	9
10	11	12	13	14	15	16
17	18	19	20	21	22	23
24	25	26	27	28	29	30

Eintrittspreise pro Person

Erwachsene 11 €

Kinder 6 €

Frage: Wie viel Eintritt müssen sie bezahlen?

Rechnung: _____ € + _____ € = _____ €

Antwort: Sie müssen _____ € bezahlen.

Frage: Wie viel Eintritt müssen sie bezahlen?

Rechnung: _____ € + _____ € + _____ € = _____ €

Antwort: Sie müssen _____ € bezahlen.

Frage: Wie viel Eintritt müssen sie bezahlen?

Rechnung: _____

Antwort: Sie müssen _____ € bezahlen.

Frage: Wie viel Eintritt müssen sie bezahlen?

Rechnung: _____

Antwort: Sie müssen _____ € bezahlen.

Eis 1 €
Limo 2 €
Bockwurst 3 €

Tierfutter 1 €
Tierbuch 5 €
Stofftier 7 €

Frage: Wie viel Euro muss Olga bezahlen?

Rechnung: _____ € + _____ € = _____ €

Antwort: Olga muss _____ € bezahlen.

Frage: Wie viel Euro muss Ben bezahlen?

Rechnung: _____ € + _____ € = _____ €

Antwort: Ben muss _____ € bezahlen.

Frage: Wie viel Euro muss Luis bezahlen?

Rechnung: _____ € + _____ € = _____ €

Antwort: Luis muss _____ € bezahlen.

Frage: Wie viel Euro müssen sie bezahlen?

Rechnung: _____ € + _____ € + _____ € = _____ €

Antwort: Sie müssen _____ € bezahlen.

1 Längen genau messen

_____ cm

_____ cm

_____ cm

 2 Strecken zeichnen

6 cm

10 cm

4 cm

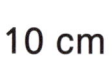 **3** Die richtige Länge zuordnen

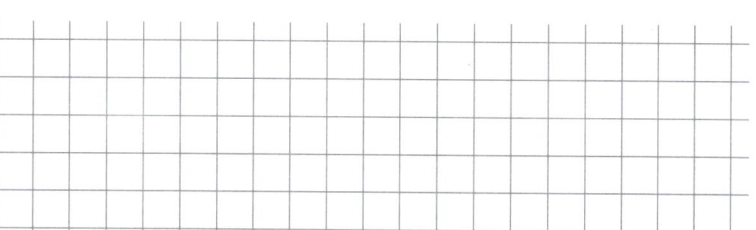

Bleistift (Länge)

☐ 18 m
☐ 18 cm
☐ 1 m 8 cm

Tür (Höhe)   Seitentafel (Breite)

☐ 2 cm   ☐ 10 cm   ☐ 1 cm   ☐ 1 m
☐ 2 m
☐ 20 cm

4 Malaufgaben mithilfe von Kernaufgaben lösen

3 · 4 = _____	6 · 4 = _____	9 · 4 = _____
2 · 4 = _____	5 · 4 = _____	10 · 4 = _____
(+) 1 · 4 = _____	(+) 1 · 4 = _____	(−) 1 · 4 = _____
_____ + ___ = _____	_____ + ___ = _____	_____ − ___ = _____

5 Sachaufgaben mit einer Skizze lösen

Fredo legt aus bunten Steinen eine Musterschlange.
Er legt abwechselnd 2 rote Steine und 1 blauen Stein.
Welche Farbe hat der 12. Stein?

6 Geteiltaufgaben mit Rest lösen

16 : 2 = _____   15 : 5 = _____   70 : 10 = _____

17 : 2 = _____   16 : 5 = _____   71 : 10 = _____

7 Zu Geteiltaufgaben die Umkehraufgabe bilden

25 : 5 = _____   18 : 2 = _____   50 : 10 = _____

_____ · 5 = 25   _____ · 2 = 18   _____ · 10 = 50

8 Das richtige Datum aufschreiben

15.
Oktober

heute: _____   übermorgen: _____

morgen: _____   vorgestern: _____

gestern: _____   in einer Woche: _____

9 Malaufgaben mithilfe von Kernaufgaben lösen

7 · 3 = _____   7 · 6 = _____   4 · 6 = _____

5 · 3 = _____   5 · 6 = _____   2 · 6 = _____

2 · 3 = _____   2 · 6 = _____   2 · 6 = _____

_____ + ___ = _____   _____ + _____ = _____   _____ + _____ = _____

75

Partnerübungen: Trainingsplan

Geldbeträge legen – SB S. 31

Plusaufgaben üben – SB S. 44

Minusaufgaben üben – SB S. 45

Unterschiede hamstern – SB S. 46

Lagebeziehungen üben – SB S. 50

Baudiktat – SB S. 51

Uhrzeiten einstellen – SB S. 61

Kernaufgaben üben – SB S. 99

Kalenderrätsel – SB S. 137

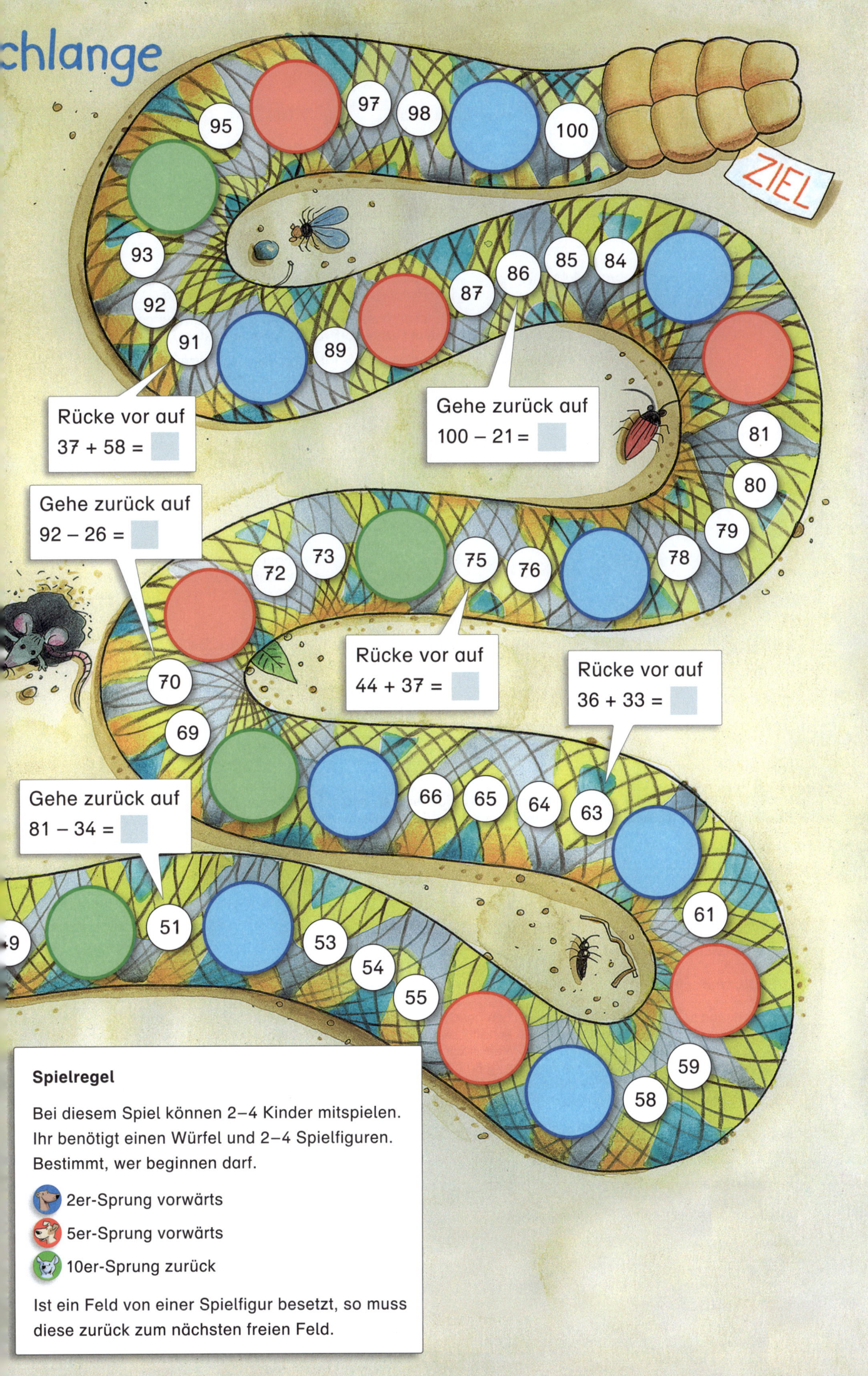

chlange

ZIEL

97 98 100
95
93
92 91 87 86 85 84
89

Rücke vor auf
37 + 58 =

Gehe zurück auf
100 − 21 =

Gehe zurück auf
92 − 26 =

73 75 76
72
78 79
80
81

70

69

Rücke vor auf
44 + 37 =

Rücke vor auf
36 + 33 =

66 65 64 63

Gehe zurück auf
81 − 34 =

51 61
53
54
55
59
58

Spielregel

Bei diesem Spiel können 2–4 Kinder mitspielen.
Ihr benötigt einen Würfel und 2–4 Spielfiguren.
Bestimmt, wer beginnen darf.

2er-Sprung vorwärts

5er-Sprung vorwärts

10er-Sprung zurück

Ist ein Feld von einer Spielfigur besetzt, so muss
diese zurück zum nächsten freien Feld.

Erarbeitet von:	Mechtilde Balins, Rita Dürr, Nicole Franzen-Stephan, Ute Plötzer, Anne Strothmann, Margot Torke
Unter Beratung von:	Christian Bussebaum, Mathematisch-Lerntherapeutisches Institut Düsseldorf, ILSA-Lernentwicklung
Unter Einbeziehung der Ausgabe von:	Mechtilde Balins, Rita Dürr, Nicole Franzen-Stephan, Petra Gerstner, Ute Plötzer, Anne Strothmann, Margot Torke und Lilo Verboom
Redaktion:	Marlen Dietz
Illustration:	Cleo-Petra Kurze (alle Illustrationen mit Ausnahme der nachfolgend genannten); Friederike Ablang: S. 6–71 (Stifte und kleine Koffer), 17 (Kinder nach Vorlagen von Cleo-Petra Kurze), 43, 76–77 (Abb. zu SB S. 18, 19, 20, 26, 28, 29, 44, 45, 50, 51, 61, 99, 137); Martina Theisen (Leitfiguren Fredo, Frida und Fips mit Ausnahme der nachfolgend genannten); Irina Zinner (Fredo nach Vorlagen von Martina Theisen): Cover, S. 4 (alle), 44, 61 (Cover), 68 (Fredo, Kokosnuss)
Grafik:	Detlef Seidensticker
Umschlaggestaltung:	Corinna Babylon und Jule Kienecker, Berlin
Layout:	Heike Börner
Technische Umsetzung:	Thomas Werner für PER MEDIEN & MARKETING GmbH, Braunschweig

Quellenverzeichnis

S. 15, 16, 17, 19 (Euromünzen): Cornelsen / Detlef Seidensticker / Deutsche Bundesbank / Luc Luycx aus Belgien;
S. 4, 7, 16, 17, 19 (Euroscheine): Cornelsen / Christine Wächter / Deutsche Bundesbank

www.cornelsen.de

1. Auflage, 2. Druck 2025

Alle Drucke dieser Auflage sind inhaltlich unverändert und können im Unterricht nebeneinander verwendet werden.

© 2021 Cornelsen Verlag GmbH, Mecklenburgische Str. 53, 14197 Berlin, E-Mail: service@cornelsen.de

Druck: H. Heenemann, Berlin

ISBN 978-3-06-084873-7

PEFC-zertifiziert
Dieses Produkt stammt aus nachhaltig bewirtschafteten Wäldern
PEFC
PEFC/04-31-1156   www.pefc.de